拳击教程

孟璠杰 著

郑州大学出版社

图书在版编目(CIP)数据

拳击教程/孟璠杰著. — 郑州：郑州大学出版社，2022.8
(2024.7重印)
ISBN 978-7-5645-8863-2

Ⅰ.①拳… Ⅱ.①孟… Ⅲ.①拳击-教材 Ⅳ.①G886.1

中国版本图书馆 CIP 数据核字(2022)第 110863 号

拳击教程
QUANJI JIAOCHENG

策划编辑	王卫疆	封面设计	苏永生
责任编辑	胥丽光	版式设计	苏永生
责任校对	宋妍妍	责任监制	李瑞卿

出版发行	郑州大学出版社	地　　址	郑州市大学路40号(450052)
出 版 人	孙保营	网　　址	http://www.zzup.cn
经　　销	全国新华书店	发行电话	0371-66966070
印　　刷	广东虎彩云印刷有限公司		
开　　本	787 mm×1 092 mm　1 / 16		
印　　张	11.5	字　　数	234 千字
版　　次	2022 年 8 月第 1 版	印　　次	2024 年 7 月第 3 次印刷
书　　号	ISBN 978-7-5645-8863-2	定　　价	49.00 元

本书如有印装质量问题,请与本社联系调换。

前言

为响应教育部发布《义务教育体育与健康课程标准（2022年版）》，义务教育阶段体育与健康课程内容主要包括基本运动技能、体能、健康教育、专项运动技能和跨学科主题学习。

在党的十九大报告中指出："广泛开展全民健身活动，加快推进体育强国建设。"是实现中华民族伟大复兴中国梦的艰巨而光荣的使命。加快推进体育强国建设是新时代中国强起来的重要内容。拳击运动的起源可以追溯到远古时代，处在原始时期的人类为抵御来犯之敌或凶猛的野兽进行搏斗中产生和发展起来，据史料记载，早在殷商时代我国就有中国拳击了，那时叫"斗"。西方拳击起源于埃及，流传于古希腊和古罗马，18世纪初发展于英国，大成于美国。历经千年的发展，拳击运动已成为蔚为壮观的一种文化现象，渗透到国家的经济、政治、文化等诸多方面。拳击运动作为人民群众增强体魄、愉悦精神、锻炼意志、塑造品格、交流情感的重要活动，体育运动对人类社会的发展产生了重大而积极的影响，拳击运动受到了各国人民的喜爱和各国政府的重视。

拳击是一种强度大且极具观赏性的运动，也是深受广大青少年喜爱的体育健身项目。本教程于2020年便开始着手研究调查创作，在不断的查阅资料和实践过程中，遵循精益求精的原则，内容编撰力求深入浅出、保全求细、不失精当，介绍了拳击的发源、基本动作技术、基础训练方法以及拳击运动的损伤预防和参赛比赛相关事项。同时，本教程运用通俗易懂的文字对拳击运动做了深入浅出的阐述，一目了然的动作图解，教程每一个技术动作都配有讲解动作关键的视频图片特写镜头，要点简明扼要，每位读者都能很好地把握最核心之处，本教材是郑州大学体育学院武术与民族传统体育一流专业建设点项目成果，可供高校运动训练专业拳击专项学生，拳击俱乐部，拳击进校园的中小学校,广大拳击爱好者学习和参考。

  本教程经过两年多的不懈努力,圆满完成编撰工作(特别感谢参与视频录制和图片拍摄者汪小萌、蔡卫龙,视频拍摄制者轩茂淼,照片拍摄者袁一申,孙琳、王昕瑜两位同学也参与了前期的编撰工作),一并向他们表示感谢。在编撰过程中不断克服各种困难,倾注了大量心血,最终完成本教程的创作编写。教程中如有不足之处,敬请读者批评指正。

孟璠杰
2022 年 5 月

#

第一章　拳击概论	1
第一节　拳击的定义	1
第二节　拳击运动的功能与特点	2
第三节　拳击运动的起源及发展	5
第二章　拳击的基本技术	11
第一节　基本站姿	11
第二节　基本拳法	12
第三节　基本步法	35
第四节　行进间拳法练习	41
第五节　拳击组合拳技法	49
第三章　拳击教学	65
第一节　拳击教学原则	65
第二节　拳击教学方法	66
第三节　拳击教学计划的制订	67
第四节　拳击教学的基本特点和注意事项	69
第四章　拳击训练	70
第一节　拳击训练方法	70
第二节　拳击运动员的基本心理训练	73
第五章　拳击技术练习	79
第一节　闪躲	79
第二节　移动步法	88
第三节　拍击	101
第四节　击腹练习	105
第五节　迎击	109
第六节　双人练习	112
第八节　拳击身体素质练习	121

第六章 拳击的基本器材练习 ············ 128
第一节 手靶练习 ············ 128
第二节 沙袋练习 ············ 138
第三节 双人对练 ············ 144

第七章 拳击竞赛通则与安排简介 ············ 148
第一节 运动员的参赛资格 ············ 148
第二节 拳击比赛的编排与抽签 ············ 153
第三节 拳击比赛期间和后期的主要工作 ············ 154

第八章 拳击裁判规则简介 ············ 162
第一节 台上裁判判罚标准与注意事项 ············ 162
第二节 台下裁判员的职责 ············ 166

第九章 拳击运动员常见的运动型伤病的预防与急救
············ 168
第一节 运动损伤的概念与急救的意义 ············ 168
第二节 发生拳击创伤的原因 ············ 169
第三节 拳击中常见创伤的症状与处理 ············ 170
第四节 运动应激综合征 ············ 172
第五节 不适合拳击运动的医学条件 ············ 176

参考文献 ············ 177

拳击概论

第一节 拳击的定义

拳击，是一项在一个正方形围绳的比赛场中，佩戴特制的柔软手套，在一定的规则和条件限制下进行的对抗竞技性运动项目。这种竞技是在两个人之间进行的，是对竞技者体力、体能、技能、心理和战术等多项素质的综合考验，因而拳击又是一项实用的健身运动。在观看拳击比赛的时候，我们既为运动员娴熟、多变的技战术叫好，又非常羡慕那强健的体魄和强有力的攻击。正是拳击具有这双重的运动特点——强烈的对抗性和实用的健身作用，使拳击既造就了像阿里、泰森、霍利菲尔德等一代代拳王，同时又吸引着数以亿计的不同国度、不同民族以及不同肤色的拳迷，特别是吸引着广大青少年投身于拳击运动之中。也正是因为拳击需要精湛的技术、多变的战术、充沛的体力、强健的体魄以及良好的意志品质，所以拳击运动被人们称为"勇敢者的运动"。

作为一名具有一定拳击实践基础的爱好者或运动员，从拳击运动的产生开始，对拳击有相当清楚的了解，是从根本上学习理解拳击的内涵，提高拳击实战技能的根本方法。从拳击的产生和发展、拳击技术和战术的演变及训练、拳击比赛的规则和常识等方面进行系统学习、了解和实践，是快速提高拳击实战技能最有效的途径。

第二节 拳击运动的功能与特点

一、拳击运动的功能

拳击对人体和社会具有极大的影响作用,这些作用主要表现在以下几个方面。

1. 拳击具有健身功能

我们知道,拳击比赛时要靠人体的爆发力来完成攻防动作,只有在最短的时间内将最大的力量发挥出来,才能达到攻防的目的,有效地完成攻防动作,这就要求拳手具有强劲的爆发力。训练有素的拳手肌肉工作时的弹力和出拳时的爆发力,要比一般人高出几倍,同时其出拳的速度也会相应增快。我们在练习拳击或观看拳击比赛时,都会有这样的感觉,那就是面对对方快速有力的进攻,会感到手足无措,只有靠比对方更快、更有力的技术动作,才能够占据主动,进而战胜对手。经常练习拳击,就可以锻炼拳击爱好者和拳击运动员的爆发力和速度力量,提高拳击爱好者和运动员的肌肉素质。

进行拳击运动和比赛时,需要人体肌肉在高度紧张状态下,持续较长时间的工作,这对人体肌肉和其他功能系统的持续工作能力有较高的要求。特别是拳击比赛时,肌肉活动强度大,动作持续时间长,如果训练水平较差的拳手,要想坚持5个回合的比赛是十分困难的。比赛时拳手的身体肌肉和精神高度集中,容易造成神经系统、呼吸系统、循环系统的疲劳。经常练习拳击、经常参加拳击比赛的拳手和拳击爱好者,可以在练习和比赛中提高肌肉长时间的工作能力,提高人体各系统的活动机能,从而大大增加和提高人的耐久力,使人体能够适应长时间高度紧张状态下的工作、训练和比赛。

拳击还可以增强练习者的绝对力量。在拳击练习,特别是拳击比赛时,拳手必须具有较大的绝对力量,才能达到攻防的目的。也就是说,必须具有重创对方的力量,才能在拳击比赛中占据优势和主动。所以,大部分拳手都十分重视绝对力量的练习,经常做大量的上肢力量练习以增加进攻的威力。据测定,世界优秀拳手的发拳力量可以达到500公斤(拳击运动常用单位)。具有较大力量的拳手在比赛中会使对方心理上产生畏惧,丧失比赛的信心。但要注意,绝对力量是要和速度一起才能发挥作用,只有强大的绝对力量,而速度慢,就很难打到对方,使力量失去意义。所以,在拳击练习的过程中,一定要注意绝对力量和速度的结合,通过最快的速度发挥最大的力量,是取得拳击比赛胜利的关键条件之一。

2. 拳击具有防身功能

拳击作为一种空手格斗技能,学习掌握好拳击技术之后,就可以把它运用于实战之中。拳击的攻防技术比较简单,容易掌握,经过反复训练实践后,作为防身自卫的一种手段是非常有效的。通过拳击的击打和抗击打能力训练,可以提高练习者的防身意识和自卫方法。在打和被打的练习中自然而然地掌握了防身自卫的本领,提高练习者遇到侵犯时自我保护能力。也可以为保护国家、集体和他人利益见义勇为,为维护社会的安定团结做出贡献。

3. 拳击具有社会影响功能

拳击运动已经在社会上引起极大的影响和起到了轰动作用。现在几乎在全世界都知道泰森口咬霍利菲尔德的事情,这既是拳击事业的耻辱,同时也是拳击在社会上引起社会效应的一个途径。当然,拳击对社会的影响,最主要的还是拳击本身具有的粗犷与野性的魅力,拳击运动表现着较高的力度美、健康美、技艺美,具有强烈的吸引力和刺激性,拳击比赛时那种撼人心扉的场面和刺激大脑的气氛,都会对社会产生极大的影响作用,激发起拳击爱好者,特别是青少年学习拳击的欲望。

拳击作为勇敢者的运动,可以培养人们勇敢顽强、积极向上的精神,可以引导拳击爱好者特别是青少年通过刻苦努力、顽强拼搏和公平竞争,规范他们的做人准则,使他们的行为适应社会公德的要求,为社会培养出更多的优秀人才。

通过练习拳击或观看比赛,可以使人们获得许多启迪,例如从泰森和霍利菲尔德的前前后后,人们分清了什么是丑、什么是美、什么是社会公德。不论泰森的实力多么强大,曾经创造过什么辉煌战绩,但他的一口却咬掉了他在世人心中的巨大形象,这就是拳击的社会效应,这种社会效应会促进拳击运动和社会道德的共同进步,具有极其重要的社会意义。

二、拳击运动的特点

1. 拳击的基本特点

拳击同其他体育项目一样,既具有一般体育项目的运动特点,又具有它自己的特殊性。拳击的特殊性,就在于它是运动员双方通过两只拳头的对抗,进行体能、技术和心理的较量。拳击竞技的具体表现形式,是两人在正方形的围绳比赛场地中,戴着特制的柔软手套,按一定的规则和技术要求,进行攻防对抗。攻防的武器只能是戴上特制手套的两只拳头,攻防的目标只限于对方腰髋以上的身体部位。

拳击被人们称为艺术化的搏斗。因为高水平的拳手在比赛时,表现出强劲有力的攻防动作，拳法突然迅速，攻势凌厉，令人眼花缭乱，并且动作潇洒自如，姿态优美，给人以艺术性的美感。拳击不但表现出力量、技术、意志、心理、智慧的竞技和健美的艺术，而且可以培养人崇高的审美观，塑造人的心灵。

拳击的比赛规则有自己的独特之处。在国际业余拳联自 1997 年开始实行的新规则中，规定业余拳击比赛实行 5 个回合制，每个回合 2 分钟，回合间休息 1 分钟；职业拳击比赛是实行 10～12 回合制，回合间休息 1 分钟。业余拳击比赛主要靠技术得分来判定胜负，所用拳击手套大而且厚，比赛时运动员要穿背心、短裤、软底拳鞋、戴护头盔。职业拳击比赛主要靠强烈攻击或将对方击倒判定胜负，被击倒一方在 10 秒钟内不能站立起来恢复比赛，就判对方获胜；比赛时职业拳手的手套小而且薄，赤裸上身、头部不戴头盔进行比赛。业余拳击比赛设有 12 个级别，职业拳击比赛设有 17 个级别。

拳击的独特之处还在于人们对拳击运动的不同看法。拳击是人对人的竞技项目，因而比赛时表现出的打和被打，以及产生的伤害后果，特别是职业拳击中被打倒不能站起的场面，在许多人的思想上产生极大的异议。有相当一部分人把拳击看作是野蛮、残酷、不讲人道的运动。特别是受商业规律及金钱制约着的职业拳击比赛，由于比赛时缺乏必要的安全保障，并以击倒对方为目的，造成大量的伤亡事故，更给拳击运动蒙上阴影，这就使得很多人呼吁取消拳击比赛。我们国家在 1953 年和 1959 年两度停止拳击运动，目的就是为了考虑运动员的安全。但是，这种担心和忧虑是没有太大必要的，如果对拳击运动员有了深入的认识和了解，人们就不会对拳击持怀疑和反对态度。

在拳击比赛中，产生伤害事故的现象主要是发生在职业拳击比赛中，即使如此，在开展职业拳击非常普遍的美国，职业比赛时运动员头部受伤的概率仅排在所有项目受伤率中的第 9 位。国际业余拳联公布的统计结果显示，在世界上的运动项目中，业余拳击的伤害率仅排在第 11 位，远比滑雪、赛车、曲棍球、橄榄球、足球、体操等运动项目低得多。

由于拳击需要肌肉的强大爆发力，需要完善的技术和战术，所以拳击是最复杂的竞技运动之一。比赛时面对瞬息万变的赛场情况，要求运动员能在极短的时间内准确地了解对方的基本状况，同时还要迅速做出相应的判断并采取相应的行动，利用强有力的身体和娴熟的技术、多变的战术进行攻击和防守，并且要具有战胜对手的信心和勇敢顽强的意志品质，从而战胜对手。参加拳击比赛必须经过长期系统的训练，练就强健的体魄，掌握优良的技术，能灵活地运用多种战术，还要具有顽强拼搏、勇于争胜的意志品质。这不仅对拳击爱好者和拳击运动员的身体素质和心理素质提出了很高的要求，而且对增强拳击爱好者和拳击运动员的身心健康具有极大的锻炼价值，这是拳击运动具有的最优的最明显的最优秀的特点。

2.拳击的灵活特点

拳击中最基本、最重要的素质之一,就是要具有高度的灵敏性和快速的反应能力。在拳击比赛和训练时,运动员要熟练地掌握各种技术方法,灵活地变化运用各种战术,并且要随机应变地随场上情况及时调整自己的技战术,同时要完成各种技术组合等,所有这一切,都需要拳手具有高度的灵敏性,具有快速的反应能力,否则就会受制于人,处处被动。经常练习拳击和参加拳击比赛的人,他们的灵敏性和反应能力就会得到充分锻炼和提高。这种灵敏性和反应能力表现在日常工作和生活中,就会使你觉得生活轻松自如,从而增加人的生活乐趣和情趣。

3.拳击的身心协调特点

拳击运动是手脑并用、全身活动的运动项目,需要练习者必须全身心地投入,才能完成好拳击训练和拳击比赛。练习拳击或参加拳击比赛时,人一直都是在不停地跳动和运动中,而且,拳手所采取的每一个行动都是在大脑缜密的、快速的考虑之后进行的,所以,这对人体的运动器官和大脑的分析都有极高的要求,使人体的运动器官和大脑得到充分的锻炼。又由于拳击训练和比赛时,需要在高度紧张状态下进行高强度对抗,所以对拳手的呼吸系统、循环系统、神经系统、运动系统都有非常高的要求和充分的锻炼。据实验测试,拳击比赛时运动员的氧呼吸量每分钟达3000毫升,脉搏每分钟达200次左右。生理测试表明,训练有素的拳击运动员的心脏体积有增大的现象,心肌搏动强而有力。拳击运动员的竞技年龄比其他竞技项目的竞技年龄要长得多,一般可保持到40岁左右。比如像美国拳王福尔曼45岁时还在参加职业拳击比赛;战胜泰森的美国拳手、新的世界拳王霍利菲尔德,是在35岁时第三次获得这一殊荣的。所有这一切,都说明拳击运动对人体具有良好作用。

第三节 拳击运动的起源及发展

一、拳击的起源

拳击是两个人手戴拳套用以击打对手而进行的对抗竞技性运动项目。

拳击的起源可以追溯到远古时代。处于原始时期的人类,要凭借智慧、体力和带有一定技巧的动作,在不断同来犯之敌或凶猛的野兽进行搏斗中,拳击就是其中一项重要的搏击技术。可以说,拳击是在生产实践和战争中产生和发展起来的。

拳击是在第23届古奥运会上被正式列为竞赛项目的,并逐渐成为古奥林匹克运动会具有重要地位的运动项目。从第41届古代奥运会(公元前616年)开始,又增加了少年拳击比赛。到了哈德·古罗布王朝时代,拳击备受人们的推崇,练习拳击的人也比较多。

二、拳击运动的发展

现代拳击始于英国。18世纪初,在英国出现了拳击比赛。1719年产生了被称为现代拳击始祖的第一位英国拳击冠军詹姆斯·菲格(1695—1734年),他将冠军保持了11年之久,有"无敌将军"的美称。他创立了世界上最早的拳击学校,成为英国培养拳击运动员的摇篮。

约翰·布劳顿于1743年8月16日推出了新的也是世界上最早的职业拳击运动比赛规则,命名为"布劳顿规则"。规则主要规定不准打击已倒地者和不准打击腰部以下任何部位。同时,布劳顿又发明了第一种软皮手套,以保护脸部皮肤。后来布劳顿还在伦敦建造一所大型竞技场,作为专门教授拳击和组织拳赛的中心。由于布劳顿对拳击运动提出了新的方向,对拳击的健康发展起了重要作用,后人称他为"拳击之父"。

1792年,英国拳击冠军门道沙为了推广拳击,加入马戏团到英伦三岛各地,做拳击表演,积极宣传拳击。1798年他写成拳击史上第一本拳击指南,定名为"拳击艺术",深受人们的欢迎。门道沙是位研究拳击的先驱者,也是开展拳击运动的功臣。

1838年,英国伦敦在布劳顿最初的规则基础上,制定颁布了《伦敦有奖拳击比赛规则》,被用在了拳击比赛中。1865年英国伦敦业余竞技俱乐部成员、记者约翰·格雷厄姆·钱巴斯又进一步完善修订了新的拳击规则,英国昆士贝利的侯爵约翰·肖鲁图·道格拉斯担任了这个新规则的保证人,并把它命名为英国"昆士贝利拳击规则"。在这个规则中,明确规定了参加拳击比赛的人必须戴拳击手套,比赛的每个回合打满3分钟,回合之间休息1分钟;比赛中禁止发生搂抱和摔跤现象,否则被判为犯规;一方被打倒后开始数秒,如果10秒钟被打倒的人不能站起来,就判定对方胜利等内容。这个规则基本上形成了后来拳击比赛的竞赛框架,为促进拳击的发展指明了方向。英国昆士伯利规则形成之后,大约经过20年的反复实践和运用,才逐渐被人们肯定。例如:比赛必须使用手套的规定,一直到1892年9月7日约翰·L.萨里班和基姆·哥培德戴着五盎司重的拳套进行了世界第一次重量级冠军赛,这个规定才最终在拳击比赛规则中确定下来,并被所有的拳击比赛所采用。上述规则的不断修订和完善,特别是英国昆士贝利规则的最终确定,为促进现代拳击比赛奠定了基础。从另一个角度来说,英国拳击爱好者的努力,为推动和促进现代拳击比赛的发展,做出了不可磨灭的贡献。

三、现代拳击运动

1890年至今,拳击运动被称为现代拳击运动。随着拳击运动在世界范围内的迅速普及和广泛开展,拳击逐渐成为许多国家竞技体育项目中的必设项目。1891年拳击比赛规则被全世界所公认,并于1901年在英国伦敦第一次开始世界范围的正式拳击比赛。

拳击在奥运会比赛项目中是既引人注目也是争议颇多的一个项目。现代奥林匹克运动会于1896年在雅典召开的时候,组织者认为拳击运动太危险取消了这个项目。直到1904年美国圣路易斯第3届奥运会,拳击才被列入比赛项目。不过拳击在奥运会的确命运多舛,1912年斯德哥尔摩奥运会,该项目曾因瑞典国家法律禁止拳击运动而被取消。

自1920年奥运会之后,拳击在奥运会比赛项目中的位置才被稳定地确立下来。现代拳击运动被分为两大系统,即业余拳击和职业拳击。业余拳击就是奥运会中所设的拳击项目,以及与奥运会拳击相应的各级各类拳击比赛。业余拳击是以增进拳击爱好者和运动员的健康,培养其顽强拼搏、机智勇敢和英勇善战的优良品质为目的的,适应广大拳击爱好者健身和竞技的需要,是以提高拳击运动技术水平和增进各国人民的友谊为宗旨,代表着拳击运动健康向上的发展方向,是世人所共同希望和倡导的勇敢顽强、努力拼搏的竞技精神的具体体现。1924年,第一个国际性业余拳击组织——国际业余拳击联合会(简称AJBA)正式成立,使全世界开展业余拳击运动有了专门的组织。国际性的业余拳击比赛除了奥运会之外,还有国际业余拳击锦标赛、拳击世界杯赛、洲际相应的锦标赛和杯赛等。各个国家和地区也相继开展了业余拳击运动,爱好业余拳击的人更是不计其数。

我们经常在电视中观看到的拳王争霸赛则是职业拳击。职业拳击与业余拳击有着很大的不同,在赛制、规则、比赛的目的等方面都有着很大的差异。职业拳击是运动员把拳击作为自己的职业,所有的赛事和活动都受经纪人和俱乐部的控制和安排。

目前国际职业拳击组织共有四个:世界拳击协会(WBA);世界拳击理事会(WBC);国际拳击联合会(WBF);世界拳击组织(WBO)。上述四大国际拳击组织,各有自己不同的章程和系统,有自己的比赛和自己的世界冠军。但四个组织之间也有一定的联系,例如经常进行同等级别的冠军比赛,比赛时一方必须连续3次以上战胜对手的挑战,才能成为公认的世界拳王。正是拳击运动具有极其强烈的对抗性、健身性和职业拳击的利益驱使,使现代拳击在短短百余年的时间内,迅速发展成为世界上最大的体育项目之一,遍及160多个国家地区,吸引着千百万青少年拳击爱好者、拳击运动员热衷于这项运动,同时也吸引着数以亿计的拳迷观众,这些爱好者和热心拳迷,为促进现代拳击运动的发展,同样做出了功不可没的贡献。现代拳击比赛随着拳击运动的广泛普及和提高,比赛的形式越来越多,参加比赛的人数也越来越多。单从参加奥运会拳击比赛的国家数量和参赛人数,就可以看出业余拳击在世界各国开展和重视的程度。1904年在圣路易举行的第3届奥运会上,拳击第一次被列为正式比赛项目,参加比赛的只有美国1个国家的44名运动员,美国自然获得了所设7个级别的所有冠军。1988年在韩国首尔举行的第24届奥运会上,有108个国家的441名运动员参加了12个级别的拳击比赛。1996年在美国亚特兰大举行的第26届奥运会上,共有来自五大洲的364名运动员参加了12个级别的拳击比赛,金牌的分布情况是:古巴4枚,保加利亚、美国、乌克兰、哈萨克斯坦、俄罗斯、阿尔及利亚、匈牙利、泰国各获1枚。从上述几届奥运会上拳击比赛的参与和结果情况,可以看出拳击运动在世界范围内的广泛开展,也可以看出拳击技术在逐渐提高,竞争日益激烈,这充分说明了拳击运动在世界体育大家族中占有越来越重要的地位。

四、拳击在中国的发展

我国的拳击有着悠久的历史。据我国史料记载,早在殷商时代我国就有拳击了。那时叫作"斗"。是贵族统治阶级进行军事训练的科目之一。后来到汉朝发展为"下",是军人必须考试的科目。

我国现代拳击始于20世纪20年代后期,最初称之为"西洋拳"。先有人翻译了一本《西洋拳术》。20世纪30年代,旧中国南京国民党政府的中央国术(武术)馆、国立国术体育专科学校将拳击列为主课之一,培养出了不少人才,如武术界老一辈张文广、温敬铭、李锡恩、李浩、卜恩富、吴玉昆、蒋浩泉等。他们也都是擅长拳击的高手,在20世纪三四十年代称雄一时。在抗日战争前拳击很盛行,当时教会(天主教、基督教)办的中学和大学把拳击作为体育课之一。1936年在德国举行的第11届奥运会上,中国派出了69人参加,其中由国民党陆军32军商震部队派出了两名拳击手靳贵第和王润兰,他们都在预赛中被淘汰,当时还有李梦华、靳桂二人参加了集训。1948年在上海举行的旧中国第7届全运会上也有拳击项目,然而参加的运动员寥寥无几,比赛的级别也不齐全。

新中国成立后,1953年11月在天津举行的全国民族形式体育表演及竞赛大会中设有拳击比赛项目,有7个单位的27名拳手参加了6个级别的比赛。张立德、王守忻、靳金分获中量级、最轻级和次重级冠军;余吉利和陈新华分别获得次中级和轻量级冠军,轻中级的桂冠被孙吉柱获得。1957年在上海召开了全国15城市拳击锦标赛,有53名运动员参加了9个级别的比赛。获得冠军得选手是:王守忻、周士彬、张立德、陈新华、张华强、许连生、王修纯、顾景裕和叶来洪。1958年,我国拳击史上规模较大的一次盛会——20城市拳击锦标赛(10个级别)在北京开幕。有142名拳手参加了比赛,获得团体总分前三名的是上海队、北京队和天津队。1958年3月上海体育学院举办了全国体育院系拳击教师训练班;同年8月,国家体委在上海集中全国选手和教练员,又举办了一次拳击教练员培训班。1959年第一届全运会筹委会曾把拳击作为大会竞赛项目,由于体育运动的"大跃进",各省市为了在第一届全运会上"放卫星"做贡献,盲目发展拳击运动,出现了不少伤害事故。后来感到大规模全国性拳击比赛条件还不成熟,就暂时撤销了这个比赛项目。1959年3月,由于种种原因拳击运动被迫停止开展。

1979年12月,世界著名拳王、美国人穆罕默德·阿里应邀来我国访问邓小平同志在接见阿里时指出"拳击运动也可以成为增进中美两国人民的了解和友谊的渠道"之后,拳击运动开始复苏,不少城市相继举办了拳击表演和比赛。1985年,阿里第二次访问中国,1986年阿里三访我国。1980年我国允许拳击在一定范围内进行试验,为正式恢复拳击做了大量的准备工作。1982年2月,当时的国际业余拳击联合会秘书长安瓦尔·乔杜里(现任国际业余拳联主席)应邀来我国北京体育学院(现北京体育大学)讲学。乔杜里先生说:"不能设想,一个没有十多亿中国人民参加的国际体育组织,称得上是真正的国际体育组织。"1986年3月,我国正式恢复了拳击运动。1986年8月,国家体委陆续下发了《开展拳击运动暂行规定》《拳击活动的安全防护措施》《拳击竞赛管理办法》等文件。1986年11月在上海体院举办了首届全国拳击教练员、裁判员学习班。1987年1月在北京举行了恢复拳击后的第一次拳击比赛。1987年4月,中国拳击协会(CBA)正式成立,5月在南京举办了首届全国拳击锦标赛。1987年6月,中国拳击协会被国际业余拳击联合会(AIBA)正式接纳为第159个会员,使中国业余拳击进入世界业余拳击的大家庭当中。

近年来,我国运动员在世界和洲际大赛上捷报频传。1988年在韩国首尔举行的第24届奥运会上,我国拳击运动员刘栋进入了前8名。1990年在北京举行的第11届亚运会上,我国运动员白崇光获得81公斤级冠军。1993年亚洲拳击锦标赛上,我国运动员江涛获得91公斤级冠军。1993年在上海举行的第1届东亚运动会上,我国拳击运动员共获4枚金牌、4枚银牌、3枚铜牌。1994年广岛亚运会上,我国拳击运动员获1银2铜。1994年在泰国曼谷举行的第7届世界杯拳击赛中,我国运动员单孝强获54公斤级第7名。1995年亚洲锦标赛上,我国拳击运动员共获得4枚铜牌。1997年第2届东亚运动会上,我国拳击运动员获得5银5铜的好成绩。特别值得一提的是,在1996年亚特兰大奥运会上,我国著名拳击运动员江涛获得了91公斤级拳击比赛的第5名。在2004年雅典奥运会上,我国48公斤级选手邹市明获得了该级别第3名,这是我国拳击运动员有史以来在奥运会拳击比赛中取得的最好成绩。这一成绩的取得,极大地鼓舞了我国拳击界的士气,为在今后的国际大赛中取得更好的成绩,树立了信心,看到了拳击运动在中国开展的前途。但同时我们也应看到,我国整体的拳击水平还不高,造成这一局面的原因有很多,其中主要有几点:一是拼搏精神不够,二是心理素质差。我国运动员见了外国选手不敢拼,往往在技术方面占有明显优势时就是不敢采取主动进攻的手段,这是我国选手普遍存在的问题。另外急需要培养一批高水平的教练员指导我国的拳击训练,必要时应聘请国外优秀拳击教练员来我国执教和指导,以尽快缩短我国拳击与世界高水平的差距。

第二章 拳击的基本技术

第一节 基本站姿

1. 脚下要点

两脚成右前左后的斜开立姿势。右脚尖稍向内扣（约40°），全脚掌着地，并以脚前掌着力。左脚跟略提起，并微向内转，用脚前掌着地，脚尖向左前方斜。

两脚前后的距离（前脚尖至后脚跟）略宽于肩。两脚左右的距离，即从前脚尖内侧和后脚跟内侧各画一条直线，并使两线平行，两线之间的距离约为10～15厘米。

右腿近乎自然伸直左腿微屈，膝角成130°左右，身体重心落在两脚之间，左脚跟不落地。

2. 躯干的姿势

右肩斜对前方，以减少被攻击面积，两肩保持平齐，并内收放松。上体略前倾，含胸收腹。

3. 头和颈部的姿势

稍低头，收下颏，含唇闭齿，目视对方，表情要镇静自若。

4. 两臂和手的姿势

两臂自然弯曲，肘部向下，右臂肘关节弯曲约90°，左臂弯曲约60°，肘置于肋部，以保护肝区。右拳位置略高于下颏，手腕挺直，使拳背与前臂成一直线，两肘放松下垂，不耸肩。

5. 拳的握法

四指并拢，指尖内屈贴住掌心，大拇指贴于食指及中指的第二指骨上，手背和四指根部（即第三指骨）成直角，使拳峰对着对手（图2-1）。第二指关节与第三指关节之间的部分称为拳峰。

基本立姿

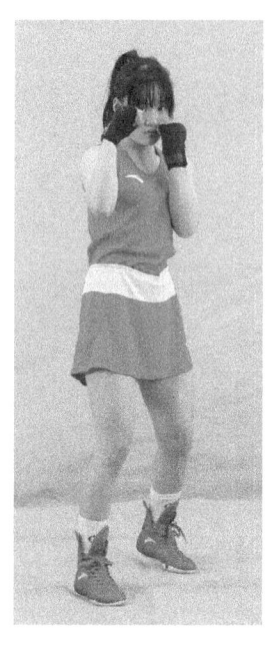

(1)　　　　　　　　(2)　　　　　　　　(3)

图 2-1　拳的握法

以上是通常采取的基本姿势。但也有左脚左手在前的,姿势要点与前者相同,只是方向相反。(本书以右架式为例)

第二节　基本拳法

一、直拳

1. 直拳的简介

直拳是拳击技术中最基本的拳法,也是每一个优秀的拳击运动员最常用的拳法。此拳法在单位时间内连续出拳数量比其他拳法多,特别是左直拳的连续直击动作。直拳是指从出拳到被击目标,沿直线运动的一种击打方法。直拳一般用于进攻或有意识退却时破坏对方动作,打乱对方阵脚,是夺取胜利的主要手段。美国普林斯顿大学拳击教练约瑟夫·布朗说过:"掌握直拳技术等于掌握拳击技术的80%"。

直拳

2. 直拳的基本技术

（1）前直拳　基本实战姿势站立，右脚在前左脚在后，右脚跟稍外转，重心移至右脚，上体略右转，同时，右臂顺肩伸肘，使拳面向前直线冲击，力达拳面，拳心朝下，左拳至下额处，目视前方，然后右拳压肘收回，成基本姿势(图2-2)。

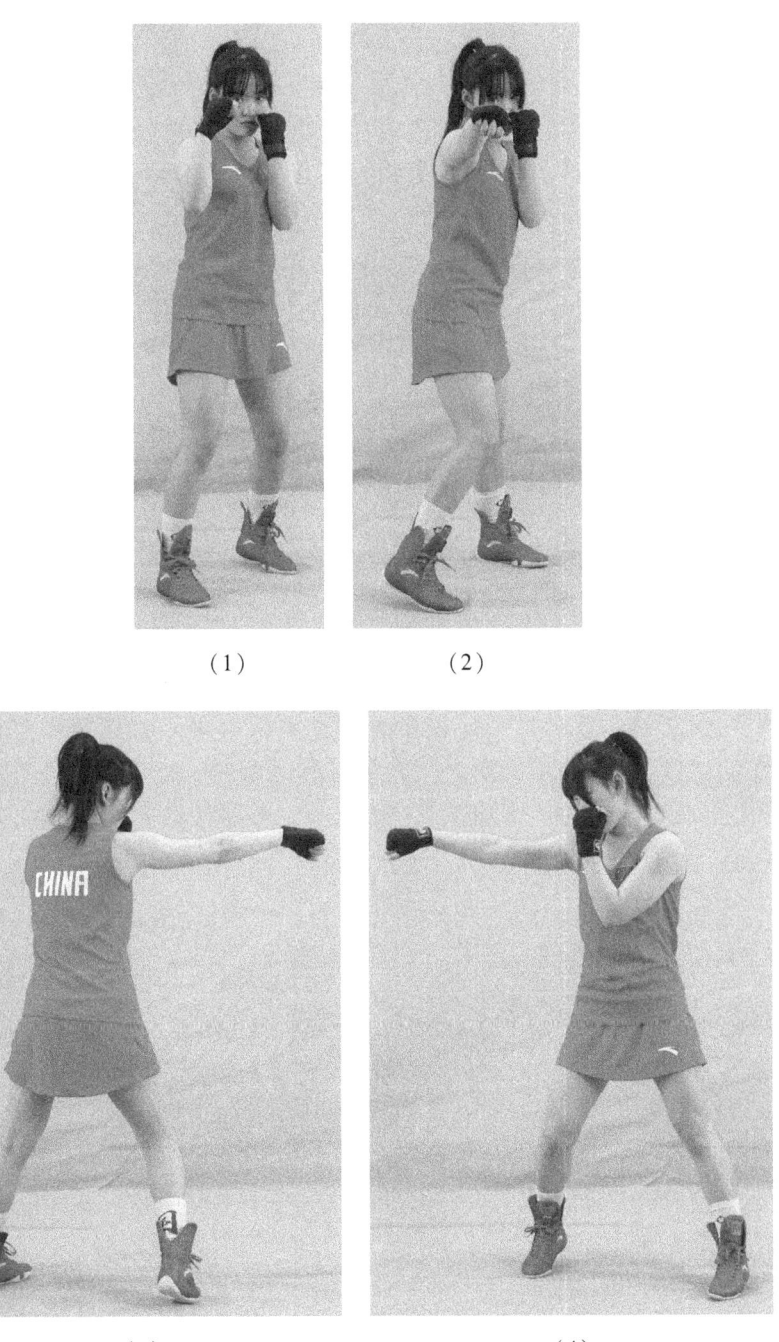

图 2-2　前直拳

（2）后直拳　基本实战姿势站立,膝盖弯曲,后脚在出拳位置的反方向,伸直。找好击打点,鼻子正前方的高度,前移左手出拳击打,前手自然回归到脸旁位置。所有直拳动作手部不要弯曲,要贴紧内肘(图2-3)。

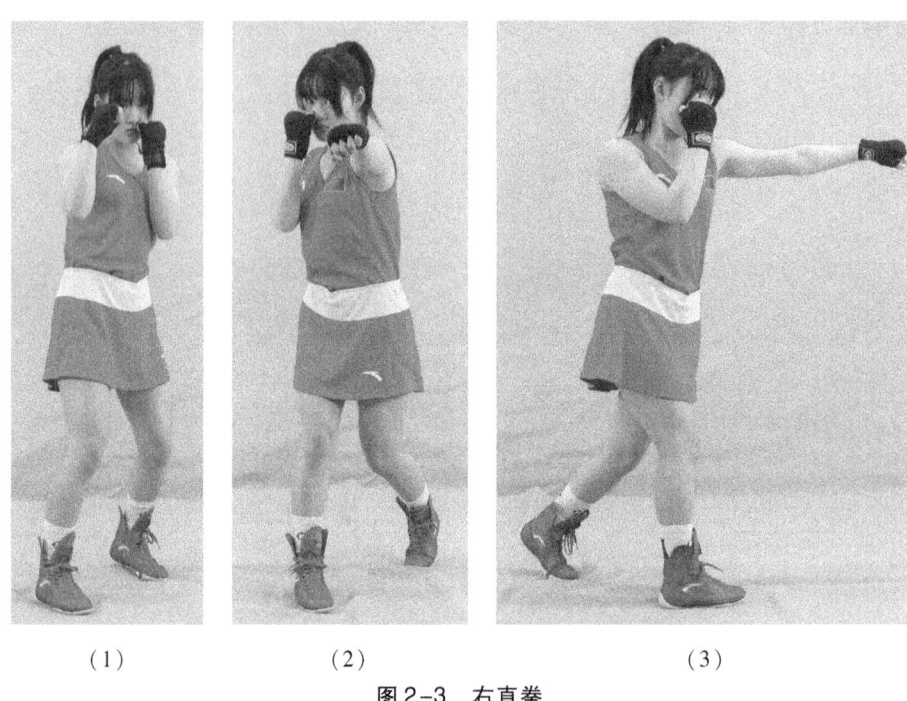

（1）　　　　　　　　（2）　　　　　　　　（3）

图2-3　右直拳

（3）一、二直拳　这种连击法就是先打右直拳再出左直拳。先由右直拳打开对手防守的缺口,再出击左直拳。注意掌握好出拳的时机。只有当右直拳击中目标,才可击出左直拳。为了增加左拳的打击力,需要转动左肩,身体稍向右倾(图2-4)。

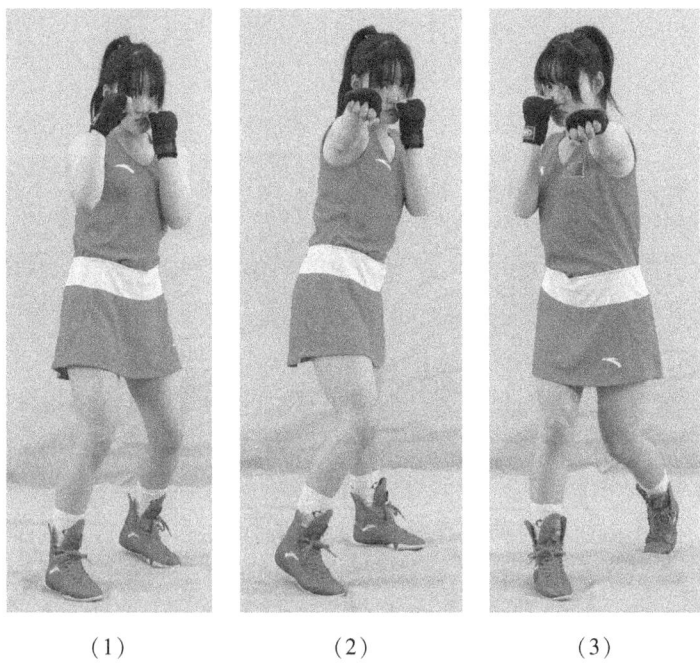

（1） （2） （3）

（4） （5）

图 2-4 一、二直拳

二、摆拳

1. 摆拳的简介

在民国时期,川西有位绰号"朱贯捶"的人,跟师父习武时头脑不灵活,几年苦练毫无成绩,被师父派到米行干苦力,专门从事用斗装米。过去装粮的斗有大小,40、50、80斤不等,来买米的在柜上交了钱,这边就用斗装米。这朱贯捶习惯用右手抓住斗柄,向米堆中一挖即装满,然后提起就倒到买米者的口袋中,如此日复一日、年复一年,不停地做这一动作,练出了右臂大力。后来在成都青羊宫打擂,仅凭这一动作,一路过关斩将,直打到银章时,才被后来观看多场的武林高手识破"他仅此一个横插!"此时才落败下来位居第三名。从此后,武林中人送雅号叫"朱贯捶",一般武林中人都难承受他的贯捶。练出这一绝招,并非师父之功,而是在平时生活劳动中养成的习惯。假如说他的这一习惯,能加以科学训练,配合好其他拳法组合运用的话,你能想象得出他的威力吗?

摆拳

这一事例中,我们就知道摆拳是相当容易掌握,而且也是最容易练出相当威力的一种拳法。但西洋拳击中摆拳打法的影响,使摆拳的出拳动作姿势受到限制。拳台上为安全起见,击打点是以拳面为主,此部受拳套较厚的海绵保护,击打在对方身上,不会产生多大的渗透杀伤力;而我国传统性的摆拳多以掌根和拳凸第二指关节为击打点,杀伤力相当大,若击中对方头部,一般都会造成死亡。同时这也是造成一些人将摆拳与平勾拳、侧勾拳混淆的原因。勾拳的屈肘角度不得大于130°,而摆拳的屈肘角度至少不能小于150°,只要清楚了这两点的区别,就能清晰地判断勾拳和摆拳的打击动作了。

2. 摆拳的基本技术

摆拳是从侧面偷袭对手的拳法,打击部位以对手脸侧、太阳穴、耳门、颈侧动脉部,或面部、后脑为主,稍低则可击后腰、两肋、肩背等部。使用时的战术以声东击西为主,一般以要其他拳法作为引手,再发一突袭。摆拳动作快,但要求腰部发力很好地配合,以增强出拳的力量。基本技术练法分为前手摆拳和后手摆拳两种。

(1)前摆拳 右脚在前,实战姿势。右拳由身体右侧向前,在臂伸直的一瞬间向左下击出,肘关节上翻,借助身体左转的力将拳打出,然后拳有弹性地弧形收回,目视前方(图2-5)。

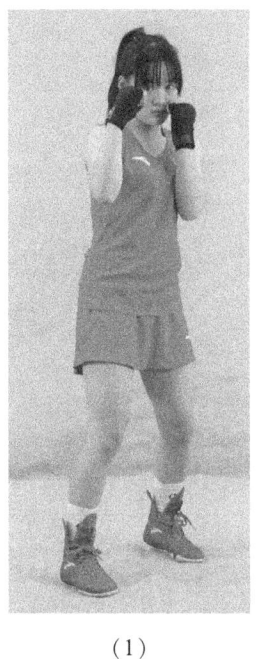 

（1） （2）

（3） （4）

图2-5 前摆拳

（2）后摆拳 基本站架式站立，后脚蹬地，猛转腰髋，带动左臂摆出，拳心向下，弧度不可过大，影响速度（图2-6）。

(1)   (2)

(3)   (4)

图2-6 后摆拳

（3）一、二摆拳 以右侧实战姿势开始，向前滑进一步，在上步的同时，身体与肩部同时向左转动，在身体转动时用右拳迅速向对手头部打去，击打时，右臂抬起与地面平行,关节角度大于90°,拳心向下,击打完后迅速收回,接着左脚上一大步,身体与肩部同时向右转动,击打时,右脚在前,左脚蹬地发力,右脚保持稳定,跨步扭转力矩加大,击打完迅速收回(图2-7)。

(1)　　　　　(2)　　　　　(3)

(4)　　　　　(5)　　　　　(6)

图2-7　一、二摆拳

3. 摆拳出拳要领

（1）摆拳要以肩、腰、胯、脚为支撑点，练习时认真体会如何缩短摆拳的运动线和弧度。

（2）出拳前不要有其他多余的动作。

（3）保持出拳前后的身体平衡，让身体重心保持在两腿之间。

（4）出拳后为防止自己的胸部，肋部露出空挡，最好用一只手阻挠，预防对手的反击。

三、勾拳

1. 勾拳的简介

勾拳，是一种弧线由下向上击打的拳法，而且是作为近距离攻击的拳法，它比起直拳、摆拳等放长远击的拳法在动作结构和击打技术上要复杂得多，打击威力并不亚于后手直拳和摆拳。不过，在现代散打擂台的比赛中，不怎么重视勾拳，其原因有二：一是勾拳动作及技术没有直拳和摆拳易于掌握；二是勾拳作为近距离击打技术，现代散打注重的是贴身就快摔，在很大程度上没有勾拳的发挥余地。这种现象应该是短暂的，是一个过渡阶段。近几年与国外技击的交流接触，会逐渐改善和重视起勾拳的威力来的。

2. 勾拳的基本技术

勾拳的一般分为平勾拳、上勾拳、侧勾拳和斜上勾拳。这四种勾拳的击打、发力方法、步法和重心都基本相同，只是击打方向和目标部位不同而已。

（1）平勾拳　平勾拳是横向性的勾击，击打目标以对方的头部侧面、太阳穴及颌关节，中盘以肝脏、胰脏和腹等处。右实战姿势站立，上体微左旋腰，左肩向左拉的瞬间，左脚蹬跟，转髋送力的同时，右旋体拧身右拳向前横勾出，肘部始终保持略大于90°的角，右拳护于颌下，然后，向左拧身，右拳向前横勾出，左手收护颌下。平勾拳发力以上身为纵轴。拳头平直打出去时，上峰伴随拳头击打方向转动10°左右，以上身转动和身体重力增加拳头击打分量，如连着右平勾拳，则上身随着拳头向左转动15°左右，平勾拳又分前平勾拳（图2-8）、后平勾拳（图2-9）、左右平勾拳（图2-10）等。

（1）

（2）

（3）

（4）

图 2-8　前平勾拳

(1)

(2)

(3)

(4)

图 2-9 后平勾拳

(1)

(2)

(3)

(4)

(5)

图2-10 左右平勾拳

(2)上勾拳 上勾拳击打方向目标是拳由下向上击打对方的胸心部或正面下巴处。发力方法基本同平勾拳,与平勾拳所不同的地方是上勾拳手臂弯曲度成锐角(小于直角)。按右侧实战姿势开始,前脚支撑腿展髋,脚后跟向外旋转,抬身同时将身体重心转移到后脚上,后脚支撑腿展髋抬身的同时,后脚跟向外旋辗,拳由下向上击打。开始时,拳心由朝上转向外,当击中目标前瞬间,拳心猛然旋转成拳心向内。上身转动幅度稍大于平勾拳,继打左手(即后手勾拳)上勾拳。上身向左转动15°左右,后脚支撑腿随着身体向右转动到15°最后阶段。后脚跟向外旋转,后脚支撑腿同展髋抬起上身,左勾拳向前打出。

上勾拳一般分为前上勾拳(图2-11)、后上勾拳(图2-12)、一、二上勾拳(图2-13)。

(1)

(2)

(3)　　　　　　　　　　　　(2)

图 2-11　前上勾拳

（1）

（2）

（3）

（4）

图 2-12　后上勾拳

(1)

(2)

(3)

(4)

(5)

图 2-13 一、二勾拳

（3）侧勾拳　侧勾拳是横向击打的拳法,所击目标是从对方头部侧面击打其腮面下颌部。按右侧实战姿势开始,左手拳背朝上,拳心内扣,肘部要略高于前臂,上身向左侧方转动 15°左右时,右侧勾拳向前打出。拳至身体垂直线时立即制动,垂肘屈臂收回,紧随前脚跟向外旋转同时展髋,把身体重心转移到左脚上,上体左转 15°左右的同时,右手侧勾拳向前打出。在打出侧勾拳的同时,身体重心要稳定,脚步要站稳,拳才有打击力量。如在打出侧勾拳时,脚步在移动和身体重心浮空,拳头就得不到下肢的支撑反作用力,凡是这样打出的侧勾拳不但打击力量不大,而且身体重心容易失控。侧勾拳一般分为前侧勾拳（图 2-14）、后侧勾拳（图 2-15）、一、二侧勾拳（图 2-16）。

(1)

(2)

(3)

(4)

图 2-14 前侧勾拳

(1)

(2)

(3)

(4)

图 2-15　后侧勾拳

（1）

（2）

（3）

（4）

(5)

图 2-16 一、二侧勾拳

（4）斜上勾拳　斜上勾拳的主要击打目标为敌方的腹肋，为闪身出击性的打法，但又是相当近身贴打的拳法，按右侧实战姿势开始，右脚朝右侧方摆一步的同时，右肘向后下收，至脚步踏稳，右拳成拳心向上朝正前方击出，高与腹平。接着，左肘后下收，重心落于左脚，右拳上收拦臂于胸前的同时，左拳朝前勾出。斜上勾拳一般分为斜上前勾拳（图2-17），斜上后勾拳（图2-18）、斜上一、二勾拳（图2-19）。

 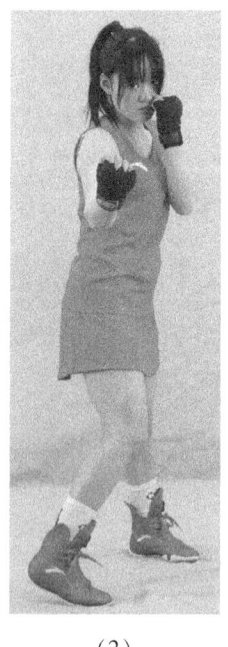

(1)　　　　(2)

(3) (4)

图 2-17 斜上前勾拳

(1) (2)

（3） （4）

图 2-18　斜上后勾拳

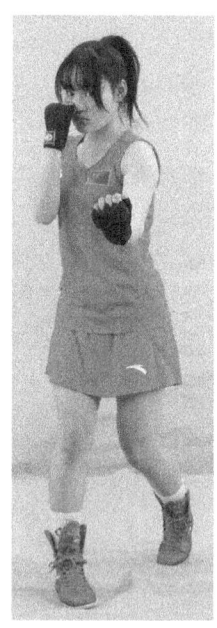

（1）　　　　　　（2）　　　　　　（3）

(4) (5)

图 2-19 斜上一、二勾拳

第三节 基本步法

拳击的基本步法是拳击技术的重要双方搏斗时,如何保持身体平衡,灵活地移动身体,使自己始终处于进攻和防御的最佳位置,是一名拳击运动员必须具备的基本素质。拳击的基本步法有原地滑步、行进间滑步、冲刺步、侧步、环绕步、撤步等六种步法。

一、原地滑步的基本步法

预备姿势:两脚并立,两臂自然下垂。动作过程:右脚提踵,身体重心落在前脚掌上,待右脚跟落地后左脚伸直向后滑行一足之距,接着脚尖离地后,屈腿向前移行至原位,左脚提踵,同时左脚的脚跟,接着完成左脚为支撑脚、右脚向后滑行的动作。两脚交替进行原地滑步(图 2-20)。

原地滑步

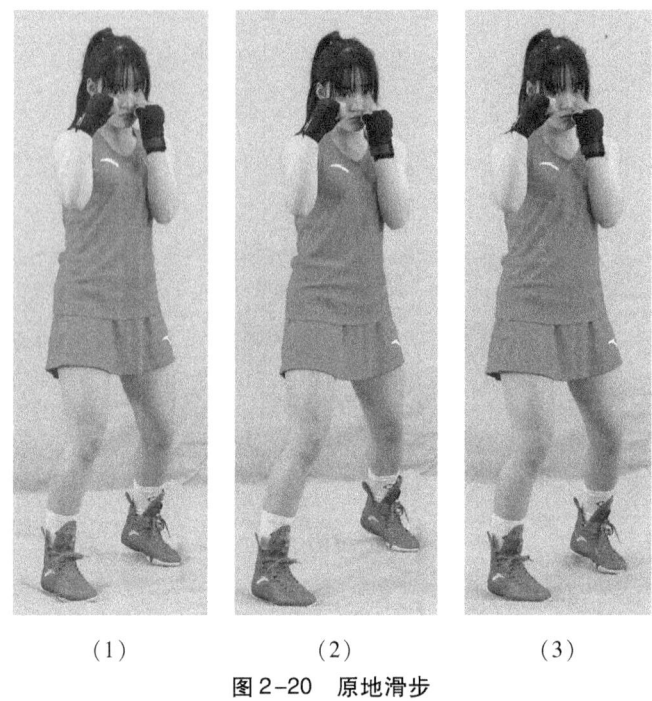

(1)　　　　　　(2)　　　　　　(3)

图 2-20　原地滑步

二、行进间滑步（前后左右）基本步法

（1）前滑步　前滑步是用来配合各种拳法前进击打用的步法，或作为寻找与对手之间合适距离而使自己在台上处于有利地位的步法。

1）动作　由基本姿势开始，先将右脚向前滑进一步，左脚随即跟进，两脚仍保持原来的部位与距离。

2）要领　开始前进时，右脚略提踵，左脚同时向后蹬地，两脚保持原距离同时前移，这时上体保持原来姿势，身体重心的投影始终落在两脚之间。（图 2-21）

（1） （2） （3）

（4） （5） （6）

图 2-21 前滑步

3）注意事项：①要擦着地面向前滑步，不要跳起或蹦起。②滑步后要保持原来姿势和原距离，两脚不可并拢。

（2）后滑步　后滑步是退步防守和退后还击的步法（图2-22）。

动作：由基本姿势开始，左脚向后滑退一步，右脚随即跟进，两脚保持原来的基本姿势和距离。

图2-22　后滑步

要领:后滑时,左脚略提起,右脚用短促弹力向前蹬地。后滑步的步长与前滑步相同。

(3)左滑步 左滑步这是结合向左侧移动的步法。

动作:左脚掌向左侧擦地横向滑动,右脚蹬地横滑跟上保持原来姿势(图2-23)。

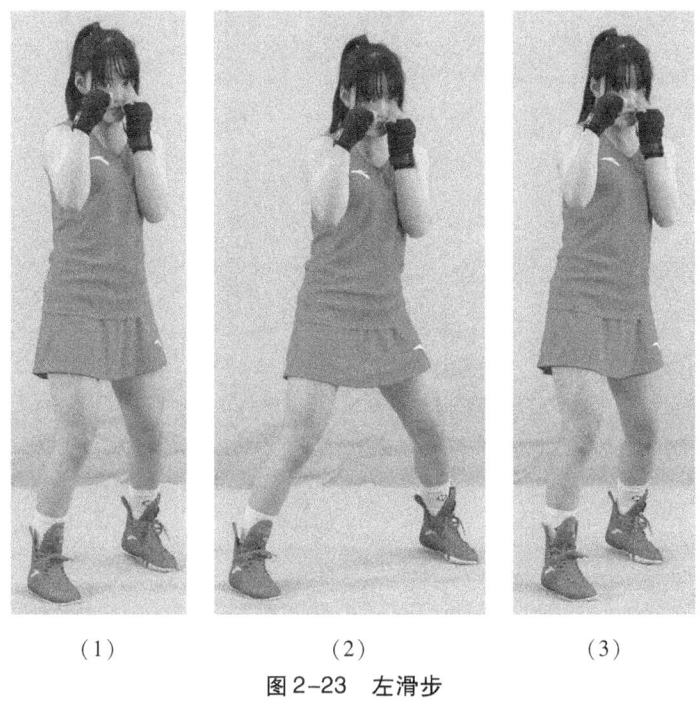

（1） （2） （3）

图2-23 左滑步

要领:动作开始时左脚先略微提起,以右脚的弹力向右蹬地,推动身体向左移动。滑动时要擦地,不可跳跃。

(4)右滑步 配合向右侧闪的步法。

动作:由基本姿势开始,先将右脚略微提起,同时利用左脚向左蹬地的弹力。推动右脚向右侧滑动一步(图2-24)。

要领:与左滑步相同、方向相反。在向左、右滑步时,为了使身体重心在移动者保持稳定,滑动脚着地时应注意用脚掌的外缘先着地,以避免身体移动过大而失去平衡。

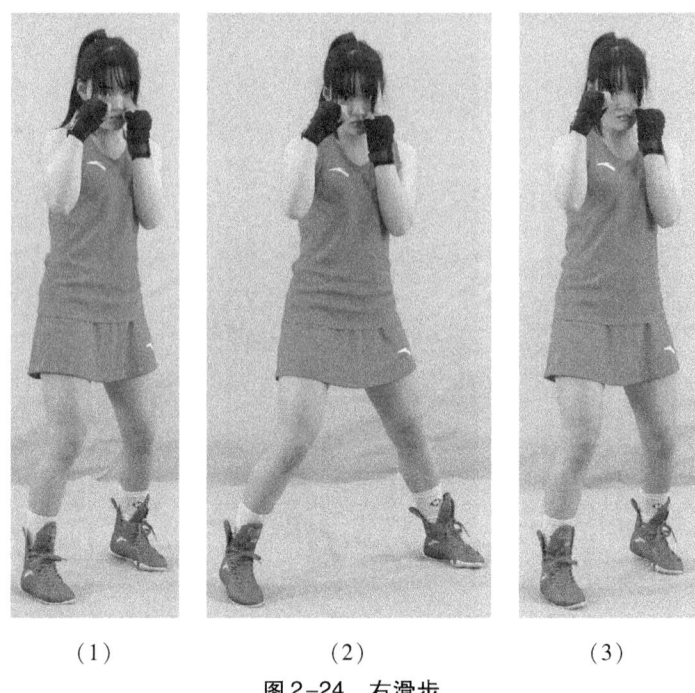

（1） （2） （3）

图 2-24 右滑步

三、冲刺步

右足平放在地面上。着力点在前脚掌上，左脚前脚掌着地，足跟稍抬起，右脚急速向前迈进一步（40～50厘米），左脚随着跟上一步，仍保持好拳击攻防姿势，刺步与前滑步动作相似，但是刺步的速度更快。

要点：刺步是一种敏捷、快速、突然进攻的步法。当对手防守上暴露出破绽时，即可抓住有利时机配合直拳突然袭击。刺步易犯的主要错误是跨步式前进，即前脚凌空跨步前进。这样人体在凌空阶段时只有一只脚支撑，容易被对手击倒；另外，两脚着地远，足间距大，也会造成行动上的迟钝。因此，学习刺步时要注意前脚不可凌空跃进和两足间距过大。

四、侧步

侧步是对手出拳方向的外侧上一步或向后转一步，避开对手的直拳攻击，为自己创造有利攻击位置的一种步法。侧步法有左右侧法两种，右侧步是向对手右拳方向侧步，左侧步是向对手左拳方向侧步。

（1）右侧步 对手打右直拳时，我右足先起动向右后侧转，左足以足尖为轴，足跟向左侧转动40～60°。人站在对手右拳外侧。

（2）左侧步 对手打左直拳时，我右足先起动向右侧上一步，左足以足尖为轴，原地向右转 100~120°。人站在对手左拳外侧位置。左侧步比右侧步难度大,因为左侧步比右侧步更接近对手的右手,受到对方右手打击的可能性更大。掌握左侧步法能发挥自己的有力武器打击对方的腹部和下巴。

要点:使用左右侧步时,两足不走交叉步,身体不可左右摇摆。侧步是防御的一种,也是进攻的一部分,因此,在学习侧步时应注意和反击动作结合起来。

五、环绕步

环绕步是以对手为中心,并围绕对手移动的一种步法。环绕步有顺时针方向和逆时针方向两种。它的动作好像侧步法,但它不属于侧步法,动作幅度较小,只微微闪躲对方的打击,并且能够反击。

(1)逆时针环行(向右环行) 当对手用左直拳打过来时,只向右侧动一点,用左直拳反击。因为对方的惯性和自己打出的冲力加在一起,其破坏力极大。拳击逆时针方向即向右侧环行,这种环行法最安全。

(2)顺时针环行(向左环行) 站在对方的内侧,即对方的腹部正面,充分利用自己的右手进行攻击。对方为了防守,把他的整个身体向右转体,从而使对攻的双方在一条直线上。这个时期向左环行,受对方攻击的可能性大,因此要做好防护。向左环行的脚法是左脚先向左移动,右脚跟着向左移动。

要点:运用环绕步的目的是,转移进攻方向,寻找进攻机会,或调整呼吸,以及短暂的休息。因此在练习和比赛中,不能消极防守,而要在防御中积极寻找战机,这样才能克敌制胜。

六、撤步(又称急退步)

撤步是前脚掌用力撑地,后脚先后撤一大步,并且几乎同时迅速收回前脚,以保持好拳击的攻防姿势。

要点:使用撤步的目的在于迅速脱离战斗,避开对手的直拳攻击,或是重新调整战斗状态。在后撤一步后,如对手继续跟进攻击,不可连续后撤,应迅速向右或向左侧步,避开对手的连续进攻。

第四节 行进间拳法练习

一、上步前后直拳

上步前后直拳一般分为上步前直拳和上步后直拳。

（1）上步前直拳　在基本姿势的状态下，前脚内旋发力，依次带动膝关节、髋关节、前肘关节，以身体重心为轴转动，身体由右侧转到正对前方时，右拳借助由下往上发力以加速的姿态向前击打，击打接近到目标瞬间右手拇指内旋45°，握紧拳头，击打后还原，左手臂保护自己的左侧。整个过程动作流畅、平稳。打击效果要有穿透性。右直拳俗称前手拳，是离对手最近的击打拳法，动作突然性强，不仅能够较好的控制对手的距离。破坏对手的进攻节奏，直接进攻得点。它是用重拳打倒对方的开路先锋，是完成关键动作向导，是争取胜利的基本技术动作之一。

上步前直后直拳

（2）上步后直拳　在基本姿势状态下，左脚蹬地内旋发力，脚后跟外翻，依次带动膝关节、髋关节、前肘关节，以身体重心为轴转动，一旦左侧身体转向正前方，左手臂顺势向前方击打，接近目标时瞬间握紧拳头，右脚掌内扣，锁住由于右转带来的转动，上半身呈交叉性，击打后迅速还原。整个过程动作流畅、速度快、击打准确，上体保持正直。左手拳又称后手拳，是主要得点拳法之一，击打距离远，力度大。一般情况下，后手直拳没有时机时不能盲目出击，不仅会消耗自己的体力，而且会暴露明显的空当，给对手留下破绽（图2-25）。

　　（1）　　　　　　　　　（2）　　　　　　　　　（3）

　　（4）　　　　　　　　　（5）

图2-25　上步后直拳

二、后撤前后直拳

　　后撤前后直拳由基本站姿开始,移动右脚向后滑步的同时打出右前直拳,然后左脚向后滑步时蹬地发力转腰胯打出左直拳,动作完成恢复基本站姿。右脚向后滑步的同时,小幅度转动腰胯打出右直拳,这时脚下的左右间距应保持与肩同宽,前后距离相差半脚左右,重心在两腿之间,然后左脚向后滑步的同时蹬地发力,同时带动腰胯打出后直拳,双脚移动的距离一致,出拳时将腰胯肩膀送出(图2-26)。

后撤前后直拳

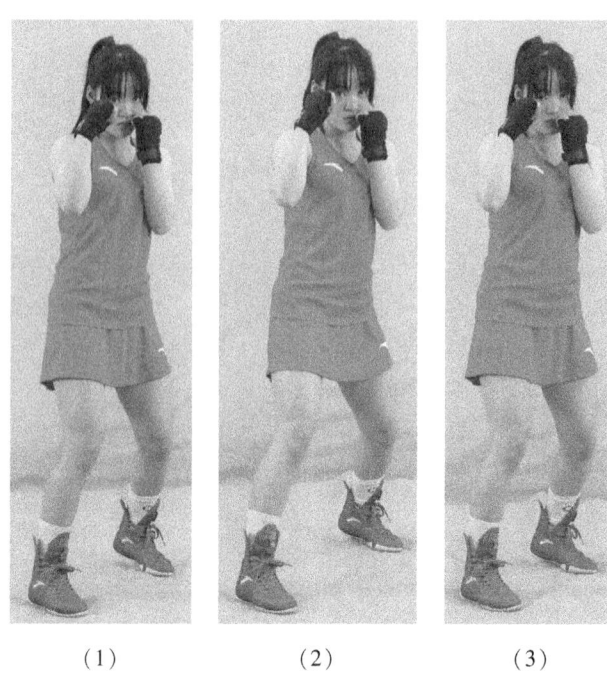

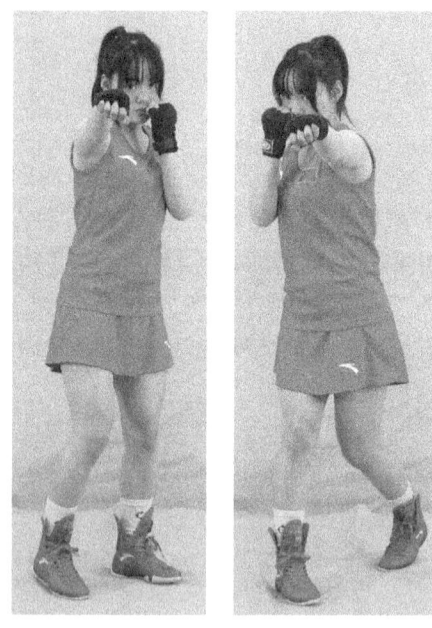

图 2-26 后撤前后直拳

三、上步前手直拳

以右侧实战姿势为例：右肩在腰部拧转的带动下向前顶出，右肘关节由弯曲向前伸直，右拳握紧微向内转，拳面向前，向正前方目标出击，呼气发力，力达拳面；同时，左拳护于左侧下颌，目视前方目标。右直拳击出后，迅速回收还原位再出一右直拳，共两个前手拳。如果练左侧出左手直拳，即将实战姿势换为左侧，练习要领与左手直拳相同。出拳时打击力量要从腰部发出，肩臂的肌肉不可过于紧张，前手拳出击前不要有预兆。拧腰、转胯、出拳的动作要协调、快速。前手直拳有快速出击的特点，具有很好的突袭效果。前手直拳的出击，往往能使对手措手不及，但前手直拳的打击力量较小（图2-27）。

(1)

(2)

（3）

图 2-27　上步前手左直拳

四、后撤前手直拳两个

以右手准备姿势站立,右直拳即前手直拳,可先从自己鼻尖向对方画一个假想直线,同自己两肩直线呈 45°。出右直拳时,把自己的右肩转动到这个假想直线,即把右拳向内转动 45°,与此同时,右脚后蹬,左脚后迈一步,迅速向对方出拳。出拳时,手臂和肩部的肌肉要放松,不能过分紧缩。当要击打到对方的要害部位时,才握紧拳头。出右拳时,含胸收腹,左肘贴在左肋部位,左手护到下颌位置,下颌也要往里收,以防对方的反击。（图 2-28）

（1） （2）

（3）

图 2-28　后撤前手直拳

五、上步两个前直加后直单击

前手直拳的作用与右直拳不同,它的进攻目的更为突出。特别是右直拳的连续攻击动作,是争取胜利非常重要的技术动作。连击的右直拳,能破坏对方的平衡,扰乱其阵脚,混乱其视线,给其他拳创造了有利的进攻条件。然后接后直重拳击打对手。动作要点:由蹬腿发力开始,转髋送肩,拳头直线出击。当肘臂将要伸直时,拳头向内旋转。前脚要在出拳的同时向前滑步,靠近对方,使发出的拳给对手带"针刺"的感觉。拳打出去时,上体应稍前倾,并配合送肩动作,以加大出击力量和幅度。整个出拳像弹簧一样,弹出去并快速收回来,接后直重拳,同时还要配合脚底,以防打完拳后收不回来(图2-29)。

(1)

(2)

（3） （4）

图2-29 上步两个前直加后直单击

第五节 拳击组合拳技法

一、前直后直前摆

一、二、三连击法：这是连续发出三拳的击法。这种击法就是在一、二连击之后，再击出一个前摆拳。这三拳必须连贯自然地组合在一起。在主动进攻后对手反击时抓空挡摇臂接前摆（图2-30）。

打摆拳时重心要稳，不可盲目出拳以致最后一拳将自己重心带偏。

前直后直前摆

(1)　　　　　　　　(2)

(3)　　　　　　　　(4)

图 2-30　前直后直前摆　一、二、三连击法

二、前直后直前勾

一、二、三连击法：这是连续发出三拳的击法。这种击法就是在一、二连击之后，再击出一个前勾拳。这三拳必须连贯自然地组合在一起。在主动进攻后对手反击时，抓空挡闪躲接前勾拳（图2-31）。

出拳时重心保持平稳，不可盲目出拳以致将自己重心带偏。

前直后直前勾

（1）

（2）

（3）

（4）

图2-31　前直后直前勾一、二、三连击法

三、前直后勾前勾

一、二、三连击法:这是连续发出三拳的击法。这种击法就是在一前直找出距离后,二后勾击腹,再转换重心出一个前勾拳。这三拳必须连贯自然地组合在一起(图2-32)。

前直后勾
前勾

出前手拳时快准狠,然后在对手出拳时迅速压重心闪躲击腹不给对手可乘之机。

(1)　　　　　(2)

(3)　　　　　(4)

图2-32　前直后勾前勾一、二、三连击

四、前直后勾前摆

一、二、三连击法：这是连续发出三拳的击法。这种击法就是在一前直找出距离后二后勾击腹，利用对手防守松散再转换摇臂出一个前摆拳。这三拳必须连贯自然地组合在一起（图2-33）。

利用上下结合打法，让对手琢磨不透，从而把控自己的节奏得分。

前直后勾前摆

（1）

（2）

（3）

（4）

图2-33 前直后勾前摆一、二、三连击

五、前直后摆前勾

前直后摆前勾

一、二、三连击法：这是连续发出三拳的击法。这种击法就是在一前直找出距离后，二利用对手头部防守松散接后摆，然后压重心接一记前勾。这三拳必须连贯自然地组合在一起（图2-34）。

利用上下结合打法，让对手琢磨不透，从而把控自己的节奏得分。

（1）

（2）

（3）

（4）

图2-34　前直后摆前勾一、二、三连击

六、前直后直前直后直

一、二、三、四连击法：这是连续发出四的击法。这种击法就是在一、二连击之后，再击出一个一二连击这四拳必须连贯自然地组合在一起。用于主动进攻，在对手后退时运用组合拳（图2-35）。

出拳时手要拿高不可有附加动作，收拳要快，打完拳注意防守。

前直后直
前直后直

（1）

（2）

（3）

（4）

(5)

图 2-35 前直后直一、二、三、四连击

七、前直后直前摆后直

一、二、三、四连击法：这是连续发出四的击法。这种击法就是在一、二连击之后，接上前摆后直。四拳必须连贯自然地组合在一起。用于主动进攻，在对手后退时运用组合拳(图 2-36)。

出拳时手要拿高不可有附加动作，收拳要快，打完拳注意防守。

前直后直
前摆后直

（1）

（2）

（3）

（4）

第二章 拳击的基本技术

(5)

图2-36 前直后直前摆后直一、二、三、四连击

八、前直后摆前勾后勾

一、二、三、四连击法：这是连续发出四的击法。这种击法就是在一、二连击之后，接上前摆后直。四拳必须连贯自然地组合在一起。用于主动进攻，在对手后退时运用组合拳(图2-37)。

出拳时手要拿高不可有附加动作，收拳要快，打完拳注意防守。

前直后摆
前勾后勾

(1)

(2)

(3)

(4)

第二章 拳击的基本技术

(5)

图2-37 前直后摆前勾后勾一、二、三、四连击

九、前摆后直前摆后勾

一、二、三、四连击法:这是连续发出四的击法。这种击法就是在一、二连击之后,接上前摆后直。四拳必须连贯自然地组合在一起。用于主动进攻,在对手后退时运用组合拳(图2-38)。

出拳时手要拿高不可有附加动作,收拳要快,打完拳注意防守。

前摆后直
前摆后勾

（1）

（2）

（3）

（4）

(5)

图 2-38 前摆后直前摆后勾一、二、三、四连击

十、前勾后直前摆后摆

一、二、三、四连击法：这是连续发出四的击法。这种击法就是在一、二连击之后，接上前摆后直。四拳必须连贯自然地组合在一起。用于主动进攻，在对手后退时运用组合拳（图2-39）。

出拳时手要拿高不可有附加动作，收拳要快，打完拳注意防守。

前 勾 后 直
前摆后摆

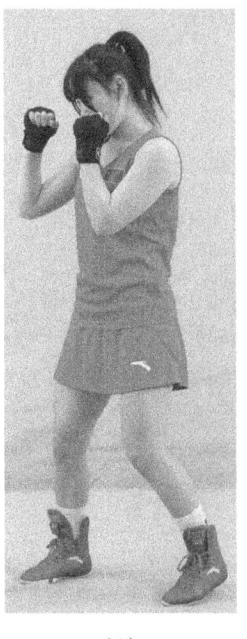
（1）

（2）

（3）

（4）

(5)

图2-39 前勾后直前摆后摆一、二、三、四连击

拳击教学

第一节 拳击教学原则

拳击教学本着健康第一原则、因材施教原则、身心协调发展原则、知识技能并重原则、终身体育能力原则开展。

一、健康第一原则

体育作为一种特殊的育化方式,承载着人类对健康的永恒追求。青少年是体育教学的重要目标群体,他们的健康状况更是关系到民族的未来。当前,我国各级学校都明确提出了"健康第一"的指导原则,提出要将学生的身体健康放在一切教育工作的首要位置,通过体育教学和学校体育锻炼,实现学生在身体、心理和社会适应能力方面的全面提高。

二、因材施教原则

为了实现"将一切知识教给一切人"的人文主义教育目标,必须坚持因材施教的基本原则。具体到体育教育领域,就是要根据受教育对象的身体健康状况、体育基础、体育运动兴趣和爱好以及现有体育基础设施等各种因素,确立教学目标、选择教学内容和教学方法并加以实施。

三、身心协调发展原则

体育教学过程必须坚持贯彻身心协调发展原则,培养德智体全面发展的人。要坚持身心协调,就不应将教学重点仅仅放在学生身体层面,更应当关注学生的心理层面,帮助学生形成健全的人格与良好的社会适应能力。我们既要促进学生身体形态的改变和身体技能的提升,又要对学生的心理、情感、意志品质等产生良好的正迁移和影响。

四、知识技能并重原则

体育教学以学生的直接身体运动体验来获取体育知识和培养体育技能。应当将知识传授与技能培养融为一体,既不能忽略基础知识的传授与掌握,也不能仅仅停留在口头上,而应当将其内化为锻炼身体的良好技能,帮助学生培养终身体育的能力。

五、终身体育能力原则

终身体育是法国教育家保罗·朗格朗在20世纪60年代提出的概念,指人的一生都要积极从事体育锻炼。在培养终身体育的意识与能力过程中,学校体育是最重要、最关键的环节。在系统的学校体育教学过程中,通过科学化的知识体系、系统化的课程结构、组织化的教学过程、专业化的师资队伍,可以为学生的终身体育意识和能力奠定扎实的基础。

第二节 拳击教学方法

拳击教学通过打沙袋可以明显地增强击打力量,培养击打的耐久力,是培养拳击运动员不可缺少的训练内容。沙袋的重量要视自身情况而定,青少年和初学者应选重量较轻的沙袋练习,若选重的硬的初学者容易受伤。打沙袋前要做好充分的准备活动,用长2.5米×宽4厘米的布带或棉纱带缠手,缠手时手腕可缠得紧些,手指不要缠得过紧,缠得过紧反倒容易受伤;有缠指间与不缠指间之分,通常初学者不缠指间。戴上专门击打沙袋用的打沙袋手套。初学时要一拳一拳正确地击打沙袋,开始击打时要注意姿势,拳法,步法的正确保持,为以后形成良好的习惯打下基础,同时要注意拳出击的动作路线是否正确,注意正确判断击打部位,培养良好的距离感,击打时注意不要推击,而要爆发性击打,只有把腰的力量,上体的力量用上时,你的击打才更有力量,左右直拳的距离判断很重要,打击时要配合前后,左右的步法移动来练习,头脑中要有"假想敌"的概念,注意把体重放在脚尖上,充分利用体重很重要,击打沙袋时可以在沙袋上标上记号,画上圆圈,练习有目标的击打,以培养击打的准确性.打沙袋也有其不利之处,练习击打沙袋时间过久会使肌肉发僵,肌肉过大影响速度的发挥,练沙袋容易造成疲劳,作为业余队员练习时间不可太长,每组 3 分钟,中间休息 1 分钟,做三到四组即可。

第三节　拳击教学计划的制订

拳击是两人戴上拳套在规则限制下用拳相互攻击和自卫的一项竞技运动。历史悠久,20 世纪初传入中国。拳击比赛要求快速有力、准确、清晰、有效地出拳击中对手,而自己又能巧妙地躲避对手的攻击。完善的拳击技术是由拳击的姿势、步法、拳法以及防守与还击等部分构成。业余拳击比赛按运动员体重分级,一般分为 11 个级别。成年组比赛进行 3 个回合,每个回合 2 分钟。拳击运动能有效地增强体质,提高身体素质,培养人的顽强拼搏精神。

一、目的和任务

1. 目的

培养德才兼备的拳击优秀后备人才。

2. 任务

(1)增进学员的健康水平、改善身体形态,不断提高有机体的机能能力,发展一般和专项运动素质。

(2)使学员掌握专项运动的理论知识、技术、战术,并能在比赛中运用和发挥。

(3)使学员掌握进行专项训练的基本知识和技能,培养其独立进行训练的能力。

(4)对学员进行思想政治教育、培养其高尚的道德,优良的作风和顽强的意志品质。

二、教材内容及课时分配

1. 教材内容

(1)拳击的基本知识

1)拳击的历史、价值、生理、心理特点、运动特点。

2)拳击的技、战术原理。

3)拳击教学训练原则、方法和手段。

4)拳击教学训练计划制订。

5)拳击运动创伤和预防。
6)拳击运动员的体重控制。
7)拳击运动竞赛计划、组织及规则、裁判法。
(2)拳击技术
1)各种姿势、握拳、拳法、步法及移动;徒手练习,器材练习等。
2)基本的进攻(左右直拳、摆拳、勾拳),防守(闪躲、隔挡)、反攻技术。
3)基本的联合技术。
4)拳击活动性游戏及对抗性练习。
(3)拳击战术
1)战术的作用。
2)战术的内容和分类。
内容:战术指导思想、知识、意识、行动。
分类:进攻性、防守性、反攻性、佯攻、体力分配、心理战术等。
3)战术训练的任务、方法和手段。
4)战术的制定和实施。
(4)拳击身体素质
1)一般身体素质:①基本力量、速度、耐力、灵敏和柔韧性。②一般身体素质的训练内容、方法和手段。
2)专项身体素质:①拳击技、战术及参赛必需的力量、速度、耐力、灵敏和柔韧性。②拳击运动素质的训练内容、手法和手段。
(5)拳击心理
1)拳击心理训练的作用、分类、任务。
2)心理训练内容、方法和手段。
(6)拳击智力
1)智力训练的作用、任务。
2)智力训练内容、方法和手段。

2.拳击成绩测验、考核

可采用百分制,或利用各项测验来评定考核成绩。

第四节 拳击教学的基本特点和注意事项

一、基本特点

拳击同其他体育项目一样,既具有一般体育项目的运动特点,又具有它自己的特殊性。拳击的特殊性,就在于它是运动员双方通过拳头的对抗,进行体能、技术和心理的较量。拳击竞技的具体表现形式是两人在正方形的绳围比赛场地中,戴着特制的柔软手套,按一定的规则和技术要求,进行攻防对抗。攻防的武器只能是戴上特制手套的两只拳头,攻防的目标只限于对方腰髋以上的身体部位。拳击被人们称作是"艺术化的搏斗"。因为高水平的拳手在比赛时,表现出强劲有力的攻防动作,拳法突然迅速、攻势凌厉,令人眼花缭乱,并且动作潇洒自如,姿态优美,给人以艺术性的美感。拳击不但表现出力量、技术、意志、心理、智慧的竞技和健美的艺术,而且可以培养人崇高的审美观,塑造人的心灵。

二、注意事项

1. 拳击教学的精神实质

大纲是根据党的教育方针,根据办学特点,培养目标制定的。在专项教学训练过程中,要认真贯彻大纲,不断总结经验,不断提高专项教学训练工作,提高专项运动技术水平,为国家培养多而优的拳击后备人才。

2. 认真上好教学训练课,不断提高教学训练质量

(1)拳击教练员应认真钻研教材,根据大纲、学员情况、气候和场地器材等条件,制订好年度、阶段、周、课教学训练计划,上好每次训练课,并认真写好课后小结。

(2)在教学训练过程中,认真贯彻教学训练原则和方法,充分发挥教练员的主导作用,依据运动员的生理、心理特点、努力调动学员训练的积极性,主动性和自觉性、严格管理、严格要求、严格训练。

(3)按大纲规定,认真进行教学训练的成绩测验和考核任务,以确保教学训练任务和指标的全面完成。

3. 专项教学训练

在专项教学训练过程中,应注意与早训结合,卫生保健结合,日常生活管理结合,对学员的健康成长要全面负责。

拳击训练

第一节　拳击训练方法

一、完整与分解训练法

熟练掌握技术动作根据技术动作的难易程度,正确地选择和运用教学方法。一般说来,一个拳击动作的教学,利用完整和分解两种方法、在练习中则辅以重复练习法和变换练习法。

1. 完整教学法

完整教学法就是从动作开始到结束,不分部分和段落,完整地进行教学。它的优点是便于学生完整地掌握动作,不至于破坏动作的结构和割裂动作各部分的联系。简单的技术动作,如直拳动作,就可采用完整练习法。这种教法的缺点是不容易掌握动作中较困难的要素和环节。如直拳动作的教学,用完整教学法时,初学者蹬地、转髋、发力送肩、击打这四个环节一般不容易掌握。因此完整法一般都是在动作比较简单时使用,或者动作本身不易分解时采用。在教授复杂和较难的动作采用完整法时,要突出重点。开始先重点注意技术的基础部分,然后再逐渐掌握细节部分。或先要求动作路线,然后再要求力量和速度。并要广泛采用各种专门或诱导性练习,发展相应的肌肉及其协调配合能力,帮助学生体会动作要点。

2. 分解教学法

把完整的动作合理地分成几个部分,按部分逐步地进行教学,最后达到全部掌握。其优点是可以简化教学过程,便于掌握动作的准确性,有利于学生感知和了解动作的各个环节,提高学生学习信心;有利于更快地掌握较复杂的动作,如上步左右直拳动作可分解为:步法移动、原地左右直拳、上步左右直拳3个部分。但

分解法如运用不当,容易使动作割裂,破坏动作结构,从而影响正确动作形成。因此运用分解法教学时应注意以下几点:

(1)分解动作各部分时应考虑到它们之间的有机联系,使动作各部分之间的划分不至于改变动作的结构。

(2)使学生明确所划分的部分在完整动作中的位置。

(3)要与完整法结合运用,运用分解法是为了完整地掌握动作。因此,分解教学时间不宜过长。

(4)分解示范有慢速分解示范和常速分解示范两种,一般先采用慢速分解示范,然后逐渐过渡到常速分解示范。同时要把慢速和常速的示范有机地结合起来运用。

二、重复训练法

一般在简化条件下练习,形成技术动作正确的动力定型。让学生在配合条件下,不断地重复某个动作。如学习直拳时,抓住动作的主要环节集中练习拳击动作,暂时可以对步法、重心移动动作细节不作要求,等学生反复练习而基本掌握直拳时,再对其各个环节提出要求并进行完整练习。在整个教学过程中学生并不是很顺利地完成动作,常会产生这样那样的错误,教师要善于预防和发现并及时纠正错误,这对于学生形成正确的技术动力定型十分重要。

三、持续训练法

持续训练法是指负荷强度较低,负荷时间较长,无间断地连续进行练习的训练方法。练习时,平均负荷心率指标应在每分钟130～170次。持续训练主要用于发展一般耐力素质,并有助于完善负荷强度不高但过程细腻的技术动作,可使机体运动机能在较长时间的负荷刺激下,产生稳定的适应,内脏器官产生适应性的变化;可提高有氧代谢系统供能能力以及该供能状态下有氧运动的强度;可为进一步提高无氧代谢能力及无氧工作强度奠定坚实的基础。

四、间歇训练法

间歇训练法:两次练习之间有一个严格控制休息时间的间歇阶段,并且这个间歇阶段的长短是通过测量运动员的心率来控制的。关键一点是,运动员要在尚未完全恢复体力时便开始下一组练习。在训练中用不同的 DIRT(distance, interval, rest and time)四个因素组合,达到不同效果。

五、循环训练法

循环训练法是日常健身运动训练方法之一。根据训练的具体任务,建立若干练习站或练习点,运动员按规定顺序、路线,依次循环完成每站所规定的练习内容和要求的训练方法。是一种综合形式的练习方法,比较生动活泼,能提高运动员的练习情绪和积极性。

六、变换训练法

1. 变换训练法的概念

顾名思义就是在训练的过程当中不断地去变换,变换训练的环境条件,变换训练的场地设施,变换训练中的练习动作以及运动负荷等。总之就是不要去进行千篇一律的锻炼。在各种各样的体育活动当中,变换训练法是比较受欢迎的一种训练方法。比如在公园里慢跑可以利用自然环境的不断变化,从而不断增加对人的新鲜刺激,减少疲劳,并且能够提高运动的兴趣。再比如,在游泳的过程当中,可以不断地去变换各种游泳的姿势,从而提高身体的适应能力以及健身的效果。

2. 变换训练法的特点

不断地去变换运动员的环境以及条件,能够更有效地去刺激运动员的兴趣,积极性以及训练的效果。很多运动项目都是非常单调的,那么不断地去变换就能很好地减少这些项目的单调乏味。还有就是能够提高我们中枢神经系统的灵活性,并且协调能力也会有所提高。提高运动员在各种体育训练当中的适应能力,并且也有助于运动员更好地掌握这些技能,提高他们的身体素质水平。最后就是可以减少运动疲劳,活跃锻炼的气氛。

3. 变换训练法的要求

如果你打算用变换练习法来训练,那么需要制订一个长远的计划,这样我们才能够在想要更换的时候有选择。使用变换训练法在运动当中的选择性会更多一些。

七、游戏训练法

游戏训练法是一种在培训或训练过程中常用的辅助方法。目的是为了改变培训现场气氛,并且由于游戏本身的趣味性,可提高参加者的好奇心、兴趣及参与意识,并改良人际关系。实施要点如下。

1. 引入游戏时应注意

(1)注意引进游戏训练法的目的是为了服务于"培训学员"这一任务。因此不要以游戏本身作为培训的目的,使之成为一种单纯的游戏,而应将其纳入培训计划,作为辅助教学的方式。

(2)慎重考虑游戏在整个课程中的插入位置,避免使其与此前后内容格格不入,无法连贯培训计划的前后。因此指导员最好能熟知各游戏的特征(目的、效果、观察要点等),然后在订立培训时反复斟酌在哪一阶段的培训过程中加入哪一种游戏。

(3)平常应注意收集各种团体教育训练游戏,如领导能力诊断、设计人生、探险等,并且还要了解其优势特性,以便纳入培训计划中。

2. 教练员(指导员)应注意

(1)在游戏训练中指导者应是游戏的组织者、旁观者和协助者。在游戏过程中指导员应把握参与游戏的"度",既不能对游戏方法不闻不问,又不能过分热情地参与游戏。

(2)这是由于指导员在游戏中还有其他职责,他除了让游戏顺利开展外,还应注意现场状况,掌握各种情况的变化。

(3)同时,指导者除对游戏方法、规则有充分的了解外,还应了解游戏的目的,更要有洞察团体及个人为含义的能力。达到游戏的目的后,就应适可而止。

3. 特别提醒

(1)注意选择恰当的游戏,并插到恰当的位置。

(2)游戏训练法目的在教育,而非游戏。

(3)指导员要做好游戏组织者、协助者、旁观者,能洞察队员行为心理。

(4)不是每次培训都要有游戏,要视具体情况考虑需不需要游戏辅助教育。

第二节　拳击运动员的基本心理训练

心理训练是一种心理干预方法。采用专门仪器和手段,具体改变人的某种心理状态,以达到最适宜强度、最佳状态的过程。最早出现在病理治疗领域,后广泛应用于体育运动。1932年德国病理学家J. H. 舒尔茨开创自主训练,即通过催眠性言语暗示、肢体松弛方法等对自身本体状态进行自我约束的调整练习,改变本体生理、心理状态,达到自我控制、自我调节,取得心身双修的效果。

一、运动员的动机

提高运动员的动机水平和自信心,同时减轻他们的焦虑和内心的矛盾是很重要的。有关行为动机的问题也就是关于"为什么"这样做的问题,或者说是行为的事,激发动机的过程称之为动机,是什么引发运动员的动机？是什么使他把运动水平提高到了极限？又是什么使他为了达到这一目标而甘愿忍受艰苦的训练条件呢？关于这些问题决不会得出一个详细的答案,但在特定情况下,拳击可以激发运动员的这些动机,这些动机既有为了进攻、交友、运动的需要及也有排解压力的需要。教练员必须清楚在他的运动队里,哪些动机可以激发队员取得胜利,并且对成功的期待和对失败的预料如何与现实中的成败联系起来,而且他还要知道该如何处理这方面的事情。我们不仅要对运动员的身体提出极高的要求,而且对他的性格、人品的要求也要很高。动机,作为运动员心理帮助的标志,近几年所起的作用更大了。当运动队员发现自己处于这样的特定的条件下,即他是一个获得一定竞技能力的,拥有特殊天赋的人时,这种作用就会体现出来。如果全面地考虑拳击运动,必须要指出一个事实:心理活动已经成为队员准备过程和竞技能力的获得过程中一个不可缺少的部分。心理帮助的作用已经超过了动机,这一任务应由教练员来完成。而教练员本人也要十分精通心理学,教练员要分析队员的状态,采取措施,在准备期完成涉及整支运动队的行动计划。同时也控制着计划的成败,发明新技术和运用这些技术的特殊方式,培养队员计划和达到目的的能力。在获得更高的运动能力时,准备和心理帮助起到了关键作用。它们所达到的效果不仅取决于各种情况的好坏,而且也要看教练员、队员对这一过程主要因素的态度。激发高水平队员学习动机的重要成分是:获得成功是其义不容辞的责任。一旦失去这样的刺激,他们的动机和个人满足就会受到削弱。在做决定的过程中,教练员必须能够赢得队员的极大信任。在完成基本工作之后,教练员应该让每名队员了解他自己及全队的任务。如果做到这一点,那么运动员与生俱来的才能和他们对比赛的洞察力将会达到顶峰。教练员必须要营造一个能够激发队员动机的环境。因此,在体育训练中应这样培养运动员的动机。

(1)满足运动员的需求是培养运动动机的关键,如果训练符合运动员正在寻求的情感体验,则训练就会起到很好的激发、培养动机的作用。运动员的需求分为追求乐趣、归属集体、展示自我。

(2)进行相应的"归因训练",树立正确的价值取向。在运动目标设置利用方面,应使目标精细、可测量和观察,设置目标的难度要适中,要考虑目标设定中的个性差异。

(3)运动动机培养的原则要以鼓励为主,以培养成就动机为目的。在队伍管理、文化生活等方面建立良好的训练环境,培养积极向上的成就动机,使运动员以积极的训练态度进行训练。

二、运动员的意志力

运动员意志品质的培养是心理训练的重要内容之一。现代竞技体育最突出的特点不仅是运动员之间体力、技术、战术的激烈对抗，而且也是心理素质意志品质的最大较量。一个运动员要取得优异成绩，必须不屈不挠，坚持不懈地进行艰苦的训练比赛时更需要顽强的意志，才能战胜各种困难。因此，在体育训练中也应注重培养运动员顽强的意志品质。

1. 运动员意志培养

意志，即运动员自觉确定运动训练比赛目标，并支配调节自己的行动，克服重重困难，以实现运动训练、比赛目标的心理过程。这一过程通常又叫意志努力。运动员需具备坚强的意志品质，这是因为运动技能的掌握与提高，都要求一定程度的意志努力。意志薄弱的运动员往往在困难面前显得懦弱、优柔寡断、颓废、胆怯，不敢与困难做斗争，因而也就不能达到他所确立的目标。反之，意志坚强的运动员，能经常以顽强的态度来完成运动训练和比赛任务。这种坚韧性不管在什么情况下，都能帮助他克服困难，因而也可以说，培养优秀运动员的艰难历程也是意志品质的磨炼过程。

2. 运动员应有的意志品质

（1）坚韧性　坚韧性指一个人为了达到既定的目的，不屈不挠、坚持不懈地克服困难的精神。技巧精神中"百折不屈"体现了在技巧训练及激烈的竞赛中要求练习者要有顽强的战斗意志和夺取比赛的胜利和信心。特别是在困境中顽强的战斗意志显得更为重要。坚韧性与一个人的动机和奋斗目标是分不开的。一个人对自己确定的目标意义及其社会价值认识得越深刻，他在困境中的坚韧性就表现得越突出。

（2）自制力　指运动员在训练和比赛中能完全自觉灵活地控制自己的情绪，约束自己言行的品质。自制力是运动员取得优异成绩的关键。自制力强大的运动员，善于在训练和比赛中克服懒惰、紧张恐惧等消极的情绪和冲动的行为。

（3）果断性　是指善于明辨是非，适时而坚决地采取和执行决定的意志品质。所谓适时，指在需要立即行动时当机立断，在情况变化时，又能立即停止或改变原来的决定。运动员的果断性与判断能力有着密切联系。因此，果断性必须建立在明确的战术意识和准确的瞬间判断能力的基础上。

（4）自信心　是一个人对自己在活动中发挥能力的信念或确信程度，是一个人对自我价值的肯定。它是比赛中发挥自己竞技水平的重要心理动力。

3. 培养运动员意志品质的对策

（1）加强管理，提高运动员的职业道德水平　运动员的认识能力，思想水平是提高运动员的职业道德水平,树立敬业精神的前提,与意志的关系极为密切。意志的一大特征就是具有自觉的目的,而且目的的提出确立,目的的明确性和坚定性,都是受人的认识能力所制约。在运动训练中可以看到,认识能力强,思想水平高,有明确目标的运动员,训练的自觉性也强。因此教练员要加强管理,不断提高运动员的职业道德水平。

(2)制定必要的纪律措施　意志品质的培养需要有一定的强制条件,即必要的纪律制度。纪律制度是促进意志努力的手段。教练员的严格要求,同样能促使运动员完成训练中必须完成的量和强度,来达到意志品质训练的目的。

(3)训练要严格要求　运动训练中要严格要求,磨炼运动员的意志。比如在不良的气候条件下训练。如逆风、光照、高温、下雨、冰冻等气候条件下,提高队员对各种气候环境的适应性,培养恶劣条件下自我心理调整,增强独立克服困难的能力,同时采用加长距离,加大阻力的训练,培养运动员与困难做斗争的决心和毅力,因为加大运动量,加大阻力训练能引起有机体机能工作的一定程度的改善,同时也能使队员在疲劳状态下迫使自己重新动员机体参与训练,克服消极情绪,积极完成最后的练习,更好地磨炼自己的意志。

(4)培养意志要循序渐进　循序渐进是指训练内容应由易到难,运动负荷由小到大,循序渐进地发展。它是根据人们认识事物的规律、动作技能形成的规律和人体技能适应性规律提出的。它能使运动员在训练过程中不但技能得到了提高,其意志品质的考验和培养也不断得到加强。训练计划要完整,以保证训练系统连贯地进行。在计划制定时,要考虑到课与课之间动作形成的连贯性,技术之间的相互影响,以及技能和素质之间的影响。要有节奏地逐步提高运动负荷。这对增强运动员的自信心,培养他们的坚定意志品质有着重要意义。

(5)针对运动员的意志类型,采取不同的培养措施　人的意志类型是多种多样的,对于十分执拗的运动员应该从自觉性、目的性方面着手培养;胆小而易受干扰,犹豫不决的运动员要培养他们大胆果断的品质;对于十分冒失和轻率的运动员要培养他们沉着耐心的品质;对十分活跃、容易冲动的运动员要培养他们的自制力。总之,优秀运动员的意志品质不是一朝一夕培养起来的,而是在运动训练和比赛中长年磨炼的结果。

三、运动员的追求目标

运动员追求的目标无疑是成绩的提升,将成绩作为训练导向是无可非议的。但是需要注意的是提升成绩并不只是关注某些体能方面的弱势,而是需要对自身的情况有一个全面的了解,只有这样才可以提升运动水平。

四、运动员的赛前心理

竞赛是一种承受多种压力的特殊体育运动,精神、体力和心理都处于高度紧张状态。这些都对运动员的心理产生不同程度的影响,使心理状态发生变化。随着比赛的临近,这种变化和影响也日益明显,有时出现在赛前几天或几小时,其表现形式是多种多样的。根据运动员参加比赛的实际情况,一般心理状态的表现形式有以下三种。

1. 振奋积极状态

这是一种最佳的比赛心理状态。①运动员对比赛的目的任务明确,有强烈的责任感,表现为:能有机的变压力为动力,精神饱满,劲头十足,积极性高,注意力集中,信心坚定。②能正确对待自己,不过高或过低评估自己的技术水平。在这样的心理准备状态下,运动员大脑的兴奋和抑制过程处于最佳状态。其兴奋正好达到比赛所需的程度,而不超过能控制自己动作的界限,在比赛中往往能较好地或超水平发挥。这种状态最突出的特点是,不把比赛当负担,能较好地及时调整自己的情绪,认为比赛是一种快乐的情感体验。

2. 紧张胆怯状态

这是一种不利于比赛的心理状态。运动员对即将到来的比赛表现为忐忑不安,过度兴奋,情绪急躁,不知所措,头昏脑涨,对自己应有的水平和战胜对手缺乏自信心。在生理方面也出现呼吸急促,脉搏加快,血压增高,失眠厌食,手脚发抖,口渴或小便频繁等现象,比赛中动作失常,技术水平下降。这种状态大多发生在参加比赛少的新队员身上。造成这种情况的原因,是运动员过多考虑比赛的胜负与个人的得失,自己太想表现,又不能很好地调整心理状态,从而导致心理上压力过大。

3. 赛前盲目自信状态

这种状态是对即将面临的比赛和困难估计不足,过高地估计自己的力量,盲目自信,相信自己能较容易战胜对方。不能充分动员自己的全部力量去准备克服困难,精力不集中,知觉、思维均表现迟钝,虽然情绪愉快,但属于消极盲目乐观。其主要原因是,指导思想不对头,掌握信息情报不全面,有的是运动员自身的娇气和目中无人造成的。

以上三种心理状态,不同程度地影响着比赛成绩的发挥。培养建立有利于比赛的心理状态的方法:运动员的心理训练是一个耐心教育的过程,也是一个长期的工作。主要是利用语言,通过第二信号系统来调节中枢神经系统的兴奋性。心理训练分为两个方面,即一般心理训练和比赛心理训练。在日常训练中,一般心理训练贯穿始终,在此基础上改善和建立良好的赛前心理训练。从以下几个方面入手。

（1）明确比赛的意义　目的明确对建立和改善心理状态是非常重要的。动机对人的整个行动起有效的作用,积极性、顽强性都是由它决定。

（2）分析对手情况和制定战术　在赛前要和运动员一起仔细分析即将面临的比赛和对手的技战术情况,分析运动员自身的情况,加以对比,制定出可行的战术,分析比赛中可能出现的问题,准备解决的方法,使运动员事先对比赛对手有充分的了解,做到心中有数,有备而来。

（3）进行模拟训练、比赛　对面临的比赛场地、条件、环境加以了解,根据情况有针对性进行模拟训练或比赛,如播放比赛气氛的录音,安排不公正的裁判和不平等的比赛条件,向心力及反心力的比赛(向心力指有力训练方法及手段),使运动员适应各种内外刺激,培养赛中自我控制的能力,使自己在任何情况下都能做到不受内外界的干扰保持镇定的情绪,全神贯注地投入比赛。

（4）赛前表象训练及自我放松　运动表象是在运动感知觉基础上产生的,在头脑中重现出来的动作形象,反映了动作在一定的空间、时间、力量方面的特点。运用想象力,通过内心的表象,帮助内心的表象把成功的机制及技术要点编入大脑和神经系统,然后去实践。自我放松主要是进行积极性的休息,进行愉快的谈话,转移淡化头脑中对比赛的思考。同时可以进行自我暗示、提示,使肌肉放松,思想情绪安静,以调解精神紧张,消除疲劳,加速睡眠,保持体力。

除以上几方面外,还应注意科学的赛前训练安排,以利于积极因素的建立。赛前训练安排是否合理,将直接影响运动员的比赛情绪及技术水平的发挥。训练过度或不足,都会引起机体的运动机能和植物性机能的"共济"障碍,致使运动员的动作变形,从而产生对比赛的恐惧心理以及对取得胜利缺乏信心。心理状态的正常和训练水平的高低有密切关系。训练正常、身体素质与竞技技术都处在上佳状态,比赛心理状态也是良好的。

第五章 拳击技术练习

第一节 闪躲

一、原地闪躲

1. 原地闪躲

平行基本姿势站立,重心转换调整,左腿向斜前方蹬地重心下沉,上右脚,右脚尖微向内扣(头部切向对手腋下)。我们防守的目的是反击,所有左肩前顶,右肩回沉,右腿膝盖不超脚尖,头不过脚尖,左腿膝盖下沉内旋脚尖指向右脚心,左侧裹好右侧,整体保持平稳,现左侧已蓄力准备启动反击。在练习闪躲的时候重心转换幅度由大到小慢慢调整一直练到距离角度非常适合你的反击拳且对方的拳头正好贴着自己耳朵过去。另一侧闪躲相同,因为现在是平行基础站立姿势。重心转换有虚有实,就像走路一样,不断地在虚实转换中进行(图5-1)。

原地闪躲

图 5-1 原地闪躲

2.原地直拳闪躲

以右架为例,从拳击准备姿势开始。当对方右手直拳进攻时,我方右脚向右前方侧闪;当对方左手直拳进攻时,我方左脚向左后方侧闪。一定要有对手的概念,进攻和防守一起练,为的是进攻防守意识同时培养。攻防意识非常的重要,意识差,就算动作练的再好也用不上。

原地直拳闪躲

二、原地摇闪

1.原地摇闪

摇闪防守主要是针对对方摆拳进攻的一种防守方法,可分为左侧摇闪和右侧摇闪两种,左侧摇闪是对方出右手摆拳时采用的防守方法,右侧摇闪是对方出左手摆拳时采用的防守方法。

动作要领:摇闪防守时主要依靠膝关节的屈伸来完成身体重心的下移和上升,上身保持不动,移动的路线呈"U"形,左侧摇闪时身体向左上方移动,右侧摇闪时身体向右上方移动。闪躲时尽量靠近对方,以便于反击,同时两拳抱好下颌位置,眼睛盯住对方。

原地摇闪

(1)左摇闪 通过身体的移动向左闪躲的防守方法,主要用于对方使用右手摆拳进攻。以右架为例,从拳击准备姿势开始。闪躲时两拳自然收到下颌位置,膝关节弯曲,重心下移后,身体向左上方迅速站起。含胸收腹,收紧下颌,两眼目视前方(图5-2)。

(1)

(2)

(3) (4)

图 5-2 左摇闪

（2）右摇闪 是指通过身体的移动向右闪躲的防守方法，主要应用于对方使用左手摆拳进攻。以右架为例，从拳击准备姿势开始。闪躲时两拳自然收到下颌位置，膝关节弯曲，重心下移后，身体向右上方迅速站起。含胸收腹，收紧下颌，两眼目视前方（图 5-3）。

(1) (2)

(3) (4)

图5-3 右摇闪

三、闪躲加直拳反击

左右直拳闪躲加直拳反击,以右架为例,从拳击准备姿势开始。当对方左手直拳进攻时,我方右侧闪后迅速反击,右手直拳击打对方头部(图5-4)。

左右直拳闪躲加直拳反击

动作要领:为了保证反击的效果,侧闪后的反击速度要迅速,闪躲时身体向自己的右前方闪,靠近对方身体,同时在闪躲时右脚可直接向右前方上一步以缩短反击距离。

(1) (2)

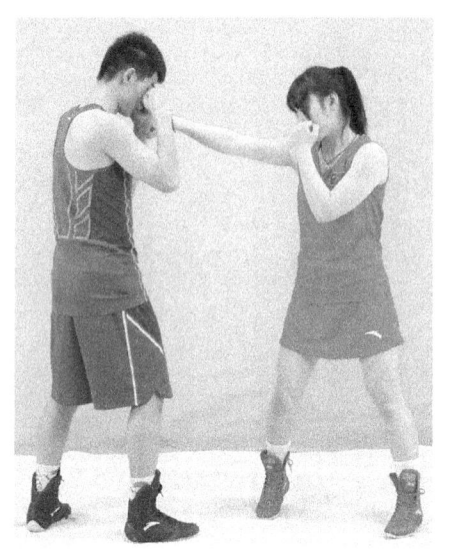 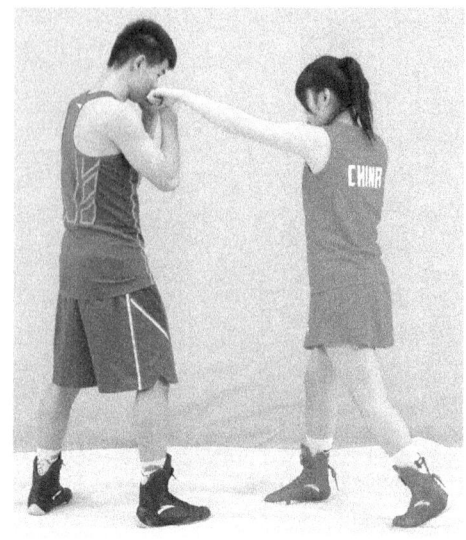

（3）　　　　　　　　　　　（4）

图5-4　闪躲加直拳反击

四、摇闪加勾摆拳反击

1. 摇闪反击后摆拳

以右架为例，从拳击准备姿势开始。当对方左手摆拳击打进攻时，我方右摇闪后迅速反击右手摆拳击打对方头部为了保证反击的效果，摇闪后的反击的速度要迅速，应在闪防守身体上升的同时右手摆拳反击（图5-5）。

摇闪反击后摆拳

（1）　　　　　　　　　　　（2）

（3）

图 5-5 摇闪反击后摆拳

2. 摇闪反击前摆拳

以右架为例，从拳击准备姿势开始。当对方右手摆拳进攻击打时，我方左摇闪后迅速反击，摆拳击打对方头部为了保证反击的效果，摇闪后的反击速度要迅速，应在摇闪防守身体上升的同时反击摆拳（图5-6）。

（1）

（2）

（3）

图 5-6　摇闪反击前摆拳

3. 摇闪反击后勾拳

以右架为例，从拳击准备姿势开始。当对方左手摆拳击打进攻时，我方右摇闪后迅速反击右手勾拳击打对方腹部为了保证反击的效果，摇闪后的反击的速度要迅速，应在闪防守身体上升的同时右手勾拳反击（图5-7）。

摇闪反击后勾拳

（1）

（2）

（3）

图 5-7 摇闪反击后勾拳

4.摇闪反击前勾拳

以右架为例,从拳击准备姿势开始。当对方右手摆拳进攻击,时,我方左摇闪后迅速反击,勾拳击打对方腹部。为了保证反击的效果,摇闪后的反击速度要迅速,应在摇闪防守身体上升的同时反击勾拳(图5-8)。

（1）

（2）

（3）

图 5-8　摇闪反击前勾拳

第二节　移动步法

步法在拳击技术中是十分重要的，在实战练习与比赛中，双方之间的距离不断地变动，只有快速地移动步法才能抓住时机，有效地击中对方。同样，为了避开对方的进攻和击打，也必须运用快速的脚步移动来摆脱。

一、直拳闪躲加步伐上步

右架为例，从拳击准备姿势开始。当对方右手直拳进攻时，我方右脚向右前方迈步侧随后左脚进行跟步（图5-9）。

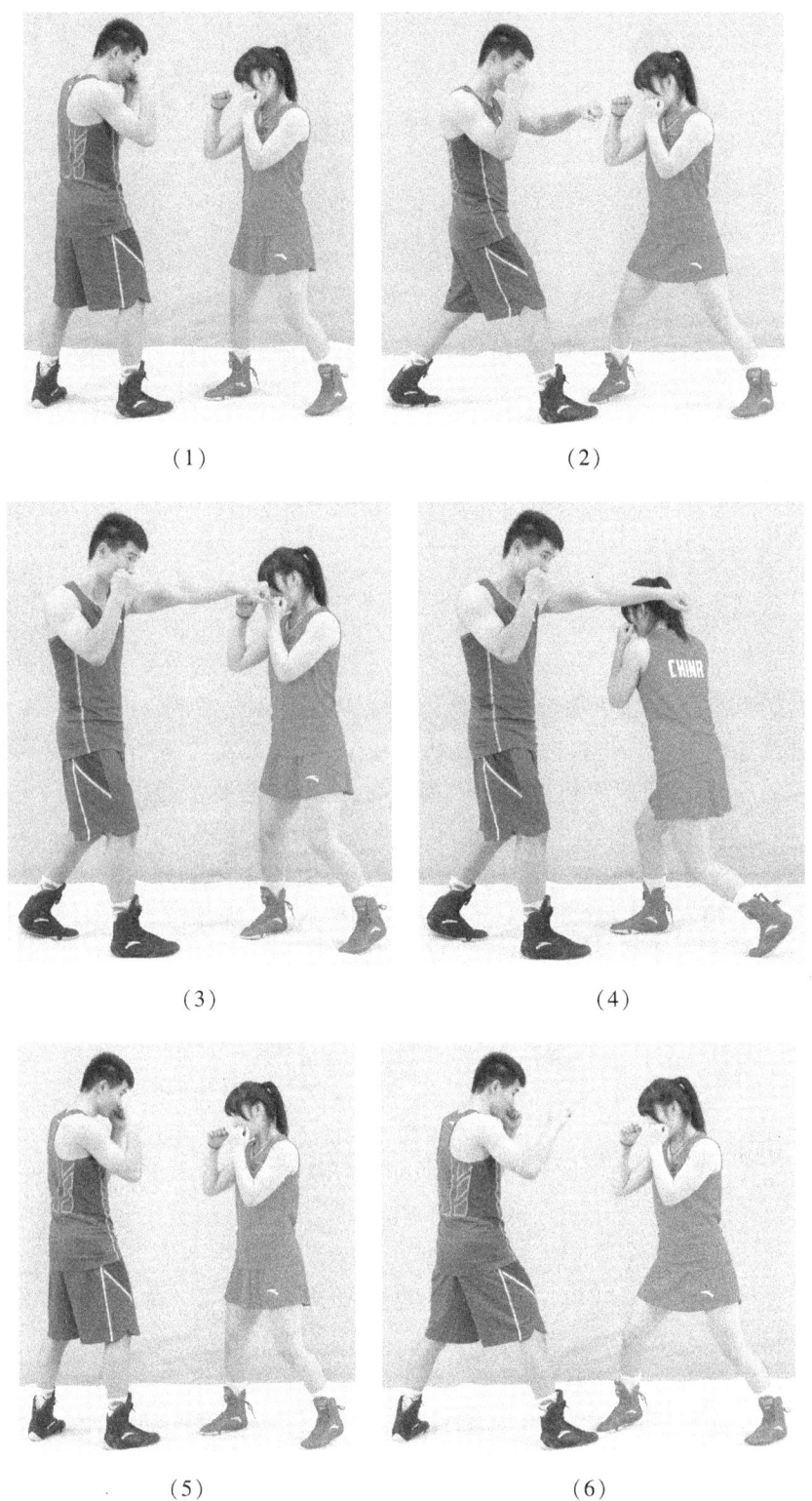

(1) (2)

(3) (4)

(5) (6)

(7) (8)

图 5-9 直拳闪躲加步伐上步

二、突然进攻二次步伐

以右架为例,从拳击准备姿势开始,在对方防守意识松散的情况下突然上步进攻连续击打。击打时左右直拳相互结合,瞄准对方进行击打。方向脚移动后,另一只脚要迅速跟进。滑步时,身体重心要平稳,重心勿超出支撑面。脚掌尽可能不离开地面,不可做跳跃步,两腿膝关节和大腿肌群自然放松。滑步是一种稳健的步法,其目的在于调整身体至最佳位置,逼近对手准备攻击,或引诱对方出击造成对手防御上的空隙,并趁机出拳攻击。使用滑步时要预防对手突然发起猛攻,有了思想准备就可应付突然的变化(图 5-10)。

(1) (2)

（3） （4）

（5）

图 5-10 突然进攻二次步伐

三、突然后撤加闪躲

以右架为例,从拳击准备姿势开始,对方连续击打时右脚后蹬、左脚跨步向后方撤一步,然后右脚用最快的速度向右后方迈步(图 5-11)。

突然后撤加闪躲

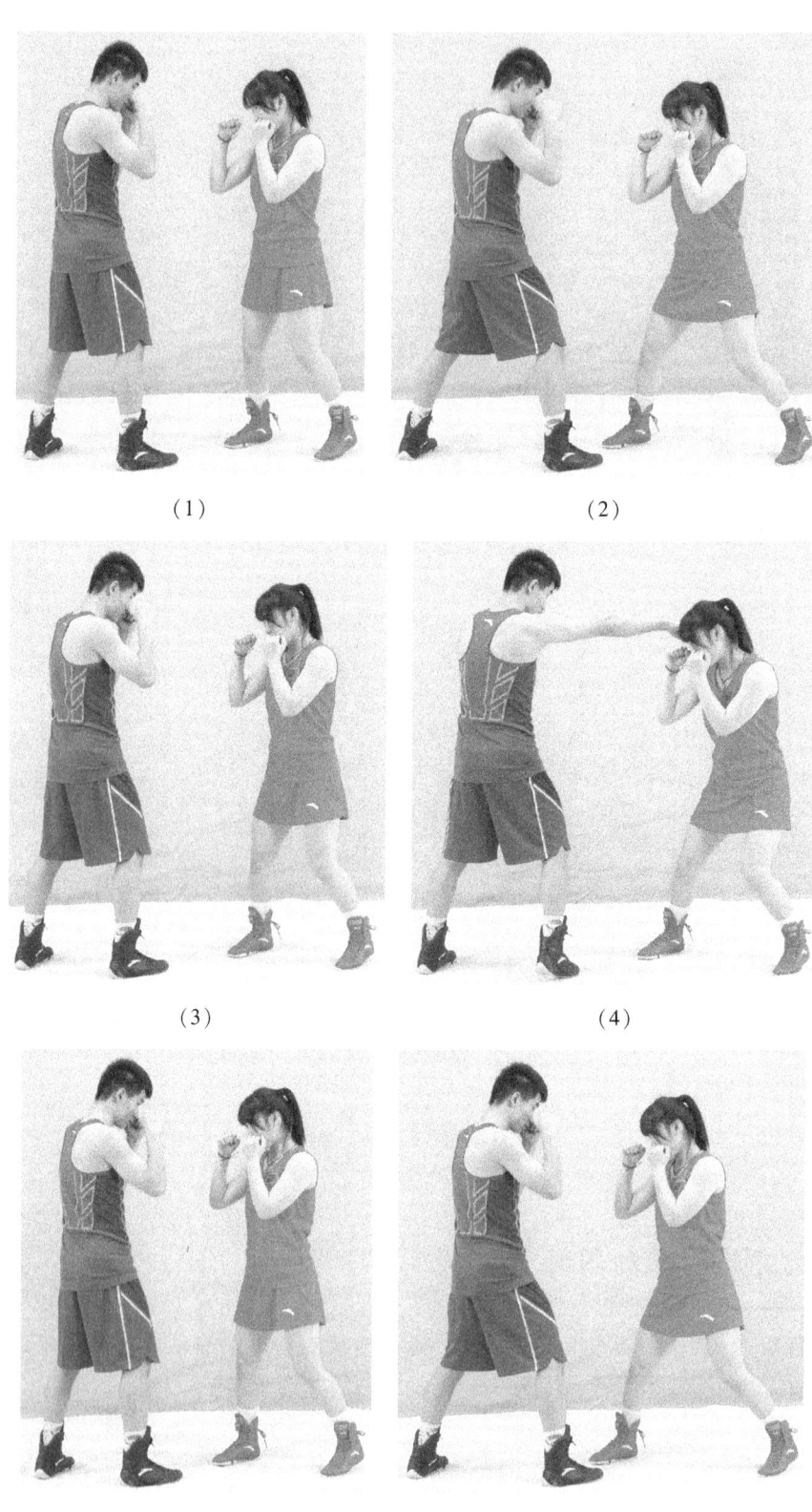

(1)   (2)

(3)   (4)

(5)   (6)

（7） （8）

图 5-11 突然后撤加闪躲步伐

四、左右绕位加步伐滑步

以右架为例，在对手连续进攻紧逼时，以对手为中心，并围绕他移动的一种步法。环绕步有顺时针方向和逆时针方向两种，以此来躲避对手的进攻。

1. 顺时针环行（向左环行）

当对手用右直拳击打头部时，左脚先向左移动，右脚跟着向左移动一点，可快速用前手击打对（图 5-12）。

（1） （2）

（3）　　　　　　　　　　（4）

图 5-12　顺时针环行滑步

2. 逆时针环行（向右环行）

当对手用左直拳击打头部时，右脚先向右移动，左脚跟着向右移动，即只向右侧移动一点，可立即用右直拳反击对方头部（图 5-13）。

技术要点：运用环绕步的目的是转移进攻方向，寻找进攻机会，或调整呼吸，以及短暂的休息。因此在练习和比赛中，不能消极防守，而要在防御中积极寻找战机，这样才能克敌制胜。

（1）　　　　　　　　　　（2）

　　（3）　　　　　　　　　　　（4）

图 5-13　逆时针环行滑步

五、左右绕位加闪躲

　　以右架为例，在对手连续进攻紧逼时，为摆脱对手攻击以对手为中心，并围绕他移动的一种步法。环绕步法有顺时针方向和逆时针方向两种，在成功摆脱对手进攻时，在对手二次击打时加闪躲以躲避对方的二次击打（图5-14）。

　　　　（1）　　　　　　　　　　　（2）

(3)　　　　　　　(4)

(5)　　　　　　　(6)

(8)

图 5-14 左右绕位步法

六、左右绕位加摇闪

以右架为例,在对手连续进攻时,以对手为中心,并围绕对手进行顺时针和逆时针进行躲避,在针对对方摆拳进攻时为躲避摆拳进攻可做左侧摇闪和右侧摇闪两种防守,左侧摇闪是对方出右手摆拳时采用的防守方法,右侧摇闪是对方出左手摆拳时采用的防守方法(图5-15)。

(1)

(2)

(3)

(4)

(5) (6) (7) (8) (9) (10)

(11) (12)

(13) (14)

图 5-15 左右绕位摇闪步法

七、绕位滑步和拳相结合

以右架为例,在对手连续进攻紧逼时,以对手为中心,并围绕他移动的一种步法。环绕步有顺时针方向和逆时针方向两种,在成功突出包围圈后抢先出拳击打对手以此来得到有效分数。

第三节　拍击

拍击法主要用来阻止对手直拳进攻,如对手出左刺拳或右直拳攻击,就可以张开拳掌拍击来拳,使拳改变方向,以起到阻止对方进攻的作用。要求用掌拍击动作的幅度不宜过大,并及时收回。

一、原地拍击

当对手用左刺拳进攻时,就可以用右拳掌向左拍击来拳,使拳改变方向,拍击动作幅度要小,仍保持拳击攻防姿势。在向左拍击刺拳的同时,可出左直拳反击对手头部。拍击右直拳的防守反击法,当对手用右直拳进攻时,就可以用左拳掌向右拍击来拳,同时用右直拳击打对手头部（图5-16）。

（1）

（2）

（3） （4）

图 5-16 原地拍法

二、上步拍击

以右架为例，为了阻止对手直拳进攻，在对手出左刺拳或者右手直拳时张开双拳掌拍击来拳，使拳改变方向的同时由蹬腿发力开始，进行上步。在对手用左直拳进攻时，自己以右拳掌向左拍击来拳使拳改变方向，拍击动作幅度要小，仍要保持攻击防守的姿势。在向左拍击刺拳同时，出左刺拳打对手下颚同时上步进行发力（图5-17）。

（1） （2）

图 5-17 上步拍击

三、后撤拍击

后撤拍击以右架为例,为了阻止对手直拳进攻,在手出左刺拳或者右手直拳时张开双拳掌拍击来拳,使拳改变方向的同时由蹬腿发力开始,进行撤步。在对手用左直拳进攻时,自己以右拳掌向左拍击来拳使拳改变方向,拍击动作幅度要小,仍要保持攻击防守的姿势。在向左拍击刺拳同时,出左刺拳打对手下颚同时上步进行发力(图5-18)。

(1)

(2)

(3)

图5-18 后撤拍击

四、拍击还击

当对手进行左右拳攻击时,在对手用左直拳进攻时,自己以右拳掌向  拍击还击
左拍击来拳使拳改变方向,拍击动作幅度要小,仍要保持攻击防守的姿势。在向左拍击刺拳同时,出左刺拳打对手下颚。对手用右直拳进攻,自己以左拳掌向右拍击来拳,同时反击,左拳掌拍击动作幅度不宜过大(图5-19)。

(1)

(2)

(3)

图 5-19　拍击还击

第四节 击腹练习

一、原地下潜闪躲

对手用右直拳进攻,两腿半屈膝,沉低上身,躲过右直拳,用右上勾拳反击对手的腹肋部,对手用右直拳进攻,我身体重心移至前足并半屈膝,上体用对手右直拳外侧闪躲,用左上勾拳反击对手肋部,在反击时进行下潜躲过对手的进攻。

原地下潜闪躲

使用让法目的不是为了逃跑,而是为了挫败对手突然的猛烈攻击,佯装害怕,再找对方的空当进行反击。在运用这一技术时,应注意身体要保持平衡。在对手击打的同时下潜躲过对方的拳。

避让直拳击胸、腹:对手用左直拳击腹或击胸,我前足支撑,后足退让半步,前足随即收回避过直拳,仍保持拳击攻防姿势(图5-20)。

(1)

(2)

（3） （4）

图 5-20　原地下潜躲闪

二、直拳击腹

前直拳击腹，右脚跟稍外转，重心移至右脚，上体略右转，同时，右臂顺肩伸肘，使拳面向前直线冲击，力达拳面，拳心朝下，左拳至下额处。身体向下微蹲，眼睛盯住目标，进行直拳击腹(5-21)。

直拳击腹

（1） （2）

（3）

图 5-21　前直拳击腹

后直拳击腹,基本实战姿势站立,膝盖弯曲,后脚在出拳位置的反方向,伸直。找好击打点,鼻子正前方的高度,前移左手出拳击打,身体微微向下躲过对手出拳,在对手出拳时可进行击腹反击(图 5-22)。

（1）　　　　　　　　　　　　　　　　（2）

图 5-22　后直拳击腹

三、击腹+击头结合

先打右直拳再出左直拳。先由右直拳打开对手防守的缺口,再出击左直拳。注意掌握好出拳的时机。只有当右直拳击中对方的头部,这时为了加大左拳的打击力,可以转动左肩,身体稍向右倾。用左直拳击打对手的腹部。左右直拳相结合,上下结合击打,得到有效分数(5-23)。

击腹+击头结合

(1)

(2)

(3)

图5-23 击腹+击头结合

第五节 迎击

一、原地迎击

以右架为例,从拳击准备姿势开始。当对方右手直拳进攻时,我方左侧闪的同时迎击,右手直拳击头或击腹迎击对方的头部或腹部,在迎击的同时需要结合侧闪动作避开对方的出手。以右架为例,从拳击准备姿势开始。当对方右手直拳进攻时,我方左侧闪的同时迎击,右手直拳击打头部或击腹,对方出拳的同时迅速出拳,迎击对方的头部直部同时需要结合侧闪动作避开对方的出拳(图5-24)。

原地迎击

(1)

(2)

(3) (4)

图 5-24 原地迎击

二、前进上步迎击

以右架为例,从拳击准备姿势开始。前脚内旋发力,依次带动膝关节、髋关节、前肘关节,以身体重心为轴转动,身体由左侧转到正对前方时,左拳借助由下往上发力以加速的姿态向前击打,握紧拳头,击打后还原,右手臂保护自己的右侧当对方左手直拳进攻时,我方右侧闪的同时迎击,左手直拳击头或击腹迎击对方的头部或腹部。在迎击的同时需要结合侧闪动作避开。当对方右手直拳进攻时,我方左侧闪的同时迎击,右手直拳击打头部或击腹,对方出拳的同时迅速出拳,迎击对方的头部直部同时需要结合侧闪动作避开对方的出拳。

前进上步迎击

三、后撤迎击

前脚掌用力撑地,后脚先后撤一大步,并且几乎同时迅速收回前脚,以保持好拳击的攻防姿势。

要点:使用撤步的目的在于迅速脱离战斗,避开对手的直拳攻击,或是重新调整战斗状态。在后撤一步后,如对手继续跟进攻击,不可连续后撤,应迅速向右或向左侧步,避开对手的连续进攻,在对手进攻时,后撤进行偏头迎击,躲避对手的拳。

后撤迎击

四、多拳迎击

多拳迎击,避开对手的直拳攻击,为自己创造有利攻击位置的一种步法。对手打右直拳时,我右足先起动向右后侧转,左足以足尖为轴,进行右偏头迎击击打前直拳。对手打左直拳时,我右足先起动向右侧上一步,左足以足尖为轴,进行左偏头迎击打后直拳。在击打对手时也可以交叉步伐结合一起进行偏头迎击,击打对手以取得有效的分数(图5-25)。

多拳迎击

(1)

(2)

(3)

(4)

　　　(5)　　　　　　　　　　(6)

图 5-25　多拳迎击

第六节　双人练习

　　拍肩练习可分为移动拍肩和原地拍肩,拍肩是最接近实战的练习,是反应、移动、协调,全方位锻炼的训练方法,双方可以像实战中那样自由移动,拍击对方的肩膀和躯干,也可以站在原地,双脚不移动的同时利用身法和闪躲来击打对方,拍肩时身体要放松,精力集中,像打实战一样,注意反击与节奏,用自己的节奏去控制对手。

一、原地拍肩练习

　　主要练习运动员的反应能力,以及距离感两位运动运动员以格斗姿势站好,一攻一守,攻方以最快速度轻拍守方的肩膀,守方向后闪躲或用手格挡,注意脚下要灵活,保持好节奏。这种训练可以作为热身,既练反应又练速度。(图5-26)

(1)

(2)

(3)

图 5-26 原地拍肩

二、配合技术还击练习

配合技术还击练习是拳击训练中一种重要的训练方法,对条件配合练习方法的理论总结和研究,对于丰富拳击训练手段,提高拳击基本动作和基本技术的训练质量,有十分重要的意义。(图 5-27)

(1)

(2)

(3)

(4)

(5)

图 5-27 配合技术还击

1. 运用条件配合练习方法的前提和要求

运动员在教练员的指导下,已初步掌握了某一基本动作,在空击时的动作规格、速度、力量完成得比较完美时,根据拳击运动本身的对抗性特点,必须要使其在有一定的对抗环境下来帮助其进一步理解和体会这个动作的击打含义。让运动员知道这个动作有何作用和在什么时候进行运用,必须向运动员提出练习时的注意事项,哪怕是一个最简单的动作,都要在练习过程中反复地强调。提要求应该注重以下几个方面。

(1)要求技术动作规范的配合　使运动员明确做条件配对练习的目的是进一步提高动作质量。不以战胜对方为目的,而是通过密切配合的练习,使进行练习的双方都能更好地体会和掌握动作技术;使练习进攻技术的运动员通过对方合理有效的防守,来锻炼提高自己进攻动作的正确规范性;使练习防守技术的运动员通过对对方进攻动作的适应而逐步领会防守动作的技术要领。让运动员带着正确的目的去练习,带着更高的目标去体会动作。

(2)要求技术动作有力量和速度的配合　根据运动员徒手动作质量完成情况,在动作速度、力量方面作要求,也就是慢速还是正常速度或者是尽全力完成动作。这一点非常重要,直接关系到运动员双方的人身安全,所以要格外重视。同时要求运动员无论是在怎样的条件下,动作的规格都应该是正确的,要尽可能运用正确的动作规格来完成配合练习。

(3)要求运动员之间配合默契协调　强调进行练习的运动员之间的配合协作意识和服务精神。条件配对练习不是实战,这种练习是以双方运动员的技术提高为最终目的。对抗性是次要的,提高动作质量是主要的。所以双方配合是否默契,是否有为对方服务的精神,对练习的效果起着十分重要的作用。要让运动员树立为对方服务就是为自己服务的观点。这种协作和服务意识主要表现在练习时是否按照教练员所要求的动作、动作速度、动作力量等来进行;是否能在练习时主动给同伴的技术动作提意见和建议等。

2. 条件配合练习的组织形式

进行条件配对练习就是要给运动员进行配对,原则上以身高、体重大致相当的两名运动员为一组,这样的分组也符合拳击比赛的按级别分组的规则,所以更为合理。在这个大的原则下,在不同课次或不同组数的练习时可以更换不同的对手,以培养运动员在不同的环境下规范完成动作的能力。分组后就可以开始组织练习了,组织练习的方法主要有以下两种。

(1)集体信号练习 集体信号练习是运动员在教练员所发出的信号下共同进行练习的一种方法。这种组织训练的优点是能够组织很多的运动员同时进行练习,对于集中出现的问题可以集中解决,运动员的兴趣较高。在下一次的练习中,运动员都会很自然地注意教练刚才所强调的问题,并在练习中很注意体会自己动作的质量情况,也许他本人并不能完全判断自己做的动作是否正确,但同伴也能给予评价。所以对运动员体会动作要领,提高动作质量有很好的效果。

(2)分散练习 分散练习就是以配对的两名运动员为一组,按照教练员所规定的动作、数量、组数和强度进行一攻一防的练习。这种练习方式同配对集体信号练习的最大区别就是进攻方做动作是随机的,进攻方有一定的主动性,而做防守动作的防守方做动作不是听到教练员的信号而是由对方的随机进攻动作决定的。这种练习由于固定了进攻和防守动作的规定,虽然在练习时,做配对动作的时间不能预知,但练习双方还是只需要集中大部分精力注意自己的动作质量就行了,只是由于对手特别是进攻方的动作是随意、随机的,难度上就比配对集体练习加大了,也就有了一定的对抗性,所以配对分散练习对练习双方对技术动作的配对含义有更好的帮助。练习双方要反复地进行这种进攻与防守动作的练习,在这种条件反射的反复刺激下,对进一步提高技术动作的质量,形成正确合理的动作定型更是有益。对分散练习这种组织形式根据运动员对动作掌握的具体情况还可以分为两种形式,一种是规定进攻方与防守方的练习,另一种是进攻方与防守方随机的方式。前一种方式难度相对较小,而后一种方式对双方的技术水平要求相对较高,更接近于条件实战。如果运动员在后一种形式下只规定对抗时间,而对双方动作的数量、动作的速度和力量不作任何限制的话那就是一个地道的条件实战了,所以教练员对这种练习方式要特别注意把握。

3. 条件配合练习的训练方法

如何使条件配对练习的方法发挥出最佳的训练价值,使运动员能通过这种训练方法得到最好的学习效果呢? 条件配对练习是拳击基本动作和基本技术训练方法的一种训练形式,其组织和运用也要遵循动作技能形成的规律,遵守由简单到复杂、由易到难的循序渐进的训练原则,根据多年训练实践经验的总结,使用条件配对练习应遵循以下几条原则。

(1)由慢动作练习到快动作练习 初学者,首次接触配对练习,动作规格不够正确,初次配对练习,随着技术水平的提高逐渐加快练习的动作速度。

(2)由简单动作练习到复杂动作练习　先练习单个的配对练习,如甲用左直拳击打乙头部,乙用右手拍挡甲的左臂;再逐渐过渡到组合动作的配对练习,如甲用左直拳击打乙头部,乙用右手拍挡甲的左臂后还击左右直拳等。

(3)由原地静止练习到移动中进行练习　如:原地左直拳的进攻与防守过渡到配合步伐、闪躲还击完成这个组合练习。

(4)先集体听信号练习再分组进行练习　如:一对一的集体听教练员口令,做右直拳的进攻与闪躲右直拳后,还击右直拳的信号练习到分组练习完成这个组合。

(5)练习时间和数量的掌握方法　配合练习的练习时间由短到长,练习数量由少到多。教练员在组织教学的过程中,应根据运动员实际对拳击技术动作的掌握情况,灵活运用教法,始终强调运动员的动作规格力求做到准确规范。由于这种练习形式很活跃,运动员在练习过程中很容易兴奋过头而导致动作的变形,所以教练员应适时控制练习节奏和强度,一方面使运动员能始终将注意力集中到所练习的动作上,另一方面也防止运动员因为过于兴奋或疲劳而导致的动作变形和伤害事故的发生。

三、站位移动练习

1. 前滑并步动作

由基本姿势开始,前脚先滑进半步,后脚随即跟上,在接近后脚内侧处着地;当后脚着地时,即迅速蹬地前脚同时再向前冲刺急进一大步,后脚接着跟进。

作用:是从较远的距离用直拳攻击对方的步法。

要领:前脚第一次滑进时,步幅不可太大,后脚第一次跟进着地和蹬地要迅速,中间不要停顿。

注意事项:动作过程中身体不可有明显起伏。

2. 后滑并步动作

由基本姿势开始,后脚先要退一步向后滑,前脚随即后退在右脚内侧处着地。前脚着时,后脚迅速再退一大步后滑,同时左脚迅速跟上,身体仍保持原来姿势。

要领:右脚第一步向后方向滑步时,步幅不可太大,左脚滑步后退第一步的落地动作就是第二步右脚滑步后退的蹬地动作,动作要连贯。

作用:是在实战或比赛中对方猛扑的情况下,快速后退并步且可配合左直拳击的步法(图5-28)。

注意事项:滑退时,上体不可后仰。

(1)

(2)

(3)

(4)

（5）

图 5-28 站位移动

四、模拟实战空击练习

空击不是一个人在角落里自娱自乐，而是一种能够提升格斗能力的最古老、最纯粹、最通用的训练方式。空击，也可译为"击影"，起源于古代武者通过阳光照射在墙上的自身的投影作为假想敌，通过击打空气来模拟实战，是一种在站立格斗中非常常见的训练方式。

空击可以用做训练前热身，训练后放松，以及比赛、实战前的心理准备。正确且有目的地空击可以有效提高格斗技术，培养良好的节奏感，增强击打力量、速度、肌耐力、步法，从而从整体上提升实战能力。空击虽好，但现实中大部分的拳手都没有进行足够的空击训练，他们可能有很好的单击力量和速度，但在空击中无法做到身体自然放松，动作也不够协调，稍微活动便会感到疲惫，这些都是缺乏空击训练造成的。

为什么要空击？空击是一门相当"通用"的训练，无论是拳击还是踢拳都会用到，无论你的水平处于哪一阶段，正确地进行空击训练都有利于提升你的技术水平，空击不光可以训练你的身体，最重要的是锻炼你头脑中的格斗意识。许多拳手仅仅把空击当作是热身或放松运动，但其实空击能给你带来的好处远大于此。

养成习惯空击是"动作定型"的过程，是一种培养格斗习惯的训练，它可以帮助你建立进攻、闪躲、还击、步伐移动的方式，帮助你养成习惯，形成"肌肉记忆"。但同时也意味你可能会在空击的过程中养成错误的坏习惯，这就是为什么要掌握正确的空击方式的原因。如果空击方式正确，便可以将你的所有格斗风格、技巧和身体反应在实战中灵活具体地运用出来。

提升速度如果想单纯提升打击力量，相信没有任何训练能比得上力量训练和击打重沙袋。然而,速度同样是"重拳"的重要组成部分之一,没有什么训练能比空击训练更能提高手速了。

由于在空击过程中没有真正地击中目标,这便会迫使你每次空击时都"快打快收"。空击不像打沙袋,后者更多的是释放力量,而前者则需要控制力量。快速地空击将有助于小肌群和快肌纤维的建立。

(1)面对镜子空击训练在空击时对着镜子练习,不仅可以看出自己的拳法是否正确,而且还可以纠正各种拳法的动作路线,协调身体动作和发力。对着镜子练习空击,对拳击初学者来说,是最好的模拟练习手段。另外,镜子还可以让拳手变得细心和机警。空击练习的时间要结合正式比赛每回合的时间,如3分钟一个回合,回合之间休息1分钟。

(2)空击是提高战术意识的有效方法,空击训练除了改进拳法外,还可以提高拳手的战术意识。这就要求拳手在空击训练时要带着战术思想进行训练,运用战术进攻与防守,把虚实、真假结合起来,把声东击西、防守反击、迎击等结合起来,有战术目的地结合攻防进行训练。这种训练动作要逼真,以促使拳手的思维活动,加强其战术意识。

控制力量空击可以训练你在挥拳/踢腿时控制力量的能力,身边有许多在空击时用力过猛伤到肘关节的案例,都是由于没有控制力量做到"收放自如"的缘故。打出强力一击并不是最难的,难的是在强力一击的同时还能保证防守,保持重心平衡,并且可以迅速回归格斗姿势,为下一次的进攻做好准备,这才是我们在空击中要做到的。所以,每次空击都是在创造一个"反馈循环",每次你挥拳、做假动作或闪躲时,你的大脑中都会有一条神经通路来记下这一动作,而做的次数越多,这条"路"就越牢固,在实战中的应用就会越发得心应手。

空击需要哪些准备?

中国武术有一句老话,"拳打卧牛之地",讲的就是古人的空击训练。相比其他训练,空击最大的好处就是它不需要任何装备、器械,另外,一个不会撞到东西、不需要太大的移动空间,一个平整的地面也是必要的。

除此之外,如果有一面镜子也会使空击训练事半功倍。因为当你在空击的时候,听着出拳的"风声",头脑里想象着击败敌人的画面,很容易产生一种"自己很厉害"的错觉。然而,事实上,很多时候你可能会"掉手",下巴抬得太高,或者在不知不觉中犯了其他的坏毛病。这就是为什么在空击时有"反馈"是相当重要的一件事。

当你在训练馆时,教练和身边的同伴就是你的反馈,他们会提醒你的错误在哪里,但如果独自一人空击,最好找一块有镜子的墙,此时的镜子便是你最好的"反馈",你可以用镜子来纠正你的坏习惯。当然,最好的空击方式当然还是在教练的指导下进行,或者和训练伙伴面对面进行没有接触的"空击实战",甚至是在线"视频实战",但是如果你什么都没有,那么手中的智能手机此时便派上了用场,找到合适的角度,打开摄像记录下你的空击过程,稍后再通过观看录像来改进技术。总之,没有条件就去创造条件,没有任何事可以影响你空击!

第八节　拳击身体素质练习

一、身体素质练习在拳击训练中的必要性

体育训练发挥着不可替代的辅助支撑作用,是体育项目的基础。在如今竞争激烈的运动,激烈的身体对抗和长期耐力能力以及快速的节奏技术应用的变化还有稳定的竞争策略和控制能力都渗透着体育训练的影子。提高拳击运动水平的主要因素之一是身体素质训练。身体素质训练的一个重要特征就是不断地发掘拳击运动员的各种潜能,提高其综合素质。要提高运动员的竞技水平,必须加强拳击专项身体素质训练研究。但是,目前对拳击专业教学人员对运动身体素质训练方面的研究相对匮乏,需要建立和健全适合拳击教学的身体素质训练模式。

二、拳击身体素质训练应把握的原则

1. 实战需要原则

根据拳击比赛周期的需要,要从实战的角度出发,科学合理的安排训练内容、训练方法、训练手段和训练负荷,对拳击运动员的专项身体素质素质要有针对性、实效性和实战性。

2. 系统训练原则

这一原则的确立和训练过程的阶段性密切相关。一方面要求拳击运动员要持续性和长时间的训练,才能达到提高身体素质的目的;另一方面,训练必须是渐进的,而不是突然的开始的。

3. 适宜负荷原则

适宜负荷原则是指根据人体运动机能的规律和拳击运动的需要,制定相应量度的训练负荷,以取得相应训练效果。适当的负荷训练的原则是指根据人体运动功能规则和拳击的需要,测量训练负荷以获得相应的训练效果。肌肉在训练中承受运动负荷的刺激,就会产生相应的恢复,提高训练效果,训练负荷量的合理安排对训练效果的提升有着重要的保障。在身体素质训练中,可以根据能量供给的特点行训练,也可以结合力量和速度以及耐力进行重复次数的练习,还可以采用间歇训练,或者是综合训练来提高肌肉力量耐力以及速度耐力。

三、力量的训练

力量训练是一种通过多层次、系统化的负重可以提高肌肉力量和耐力的训练。力量训练主要包括无氧运动,如蹲举、俯卧撑、杠铃等。不同级别的训练和负重将产生不同的影响。力量训练的方法也有许多不同的类别,例如,按肌肉收缩的方式就有等长训练法和等动训练法,两者各有优缺点,可视情况而定选择相适应的方法。科学合理地进行力量训练是运动员提高运动能力的基础,力量训练也是拳击训练中身体素质训练的开展与强化的途径之一,通过力量训练,可以更好地激发运动员的潜力,提高人体的承受度和抗负荷、抗疲劳的能力,更大限度地激发运动员的竞技能力,为后续的提供强有力的支持。

1. 单手俯卧撑

标准俯卧撑姿势,身体要保持跟肩膀到脚踝必须成一条直线,然后双臂要放在胸部的位置,两手相距要比肩膀宽一些,单手俯卧撑是把一种手倒背到我们的身体后侧,放于腰部的地方,用一只手的力量跟身体保持在一条线上(图5-29)。

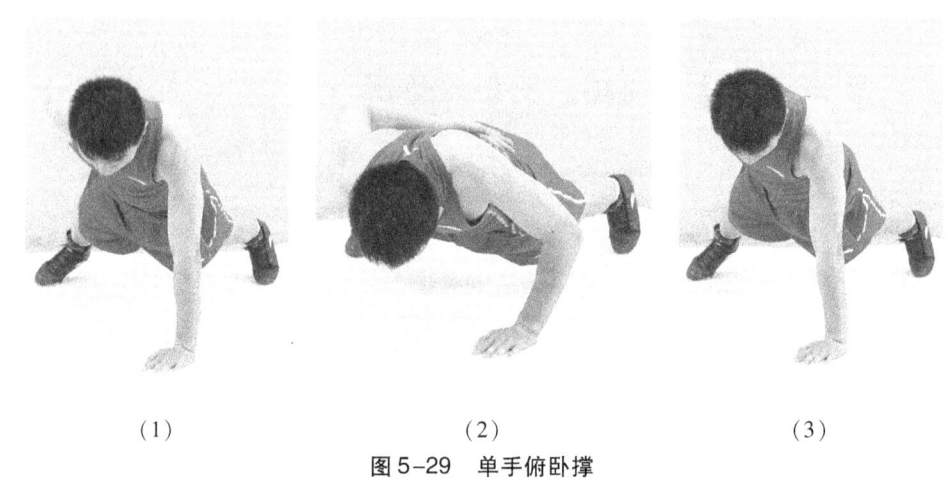

(1)　　　　　　　(2)　　　　　　　(3)

图5-29　单手俯卧撑

2. 拳卧撑

身体前趋,保持身体正直,手肘向两肋回收,不要外展,至额头触碰到墙面,再恢复原位(图5-30)。

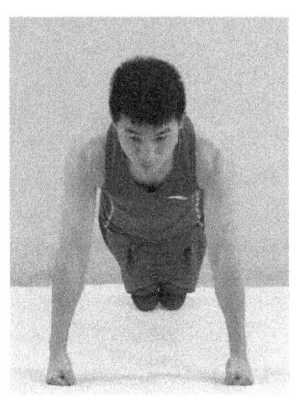

（1）　　　　　　　　（2）　　　　　　　　（3）

图 5-30　拳卧撑

3. 击掌俯卧撑

击掌俯卧撑，是标准俯卧撑的加强版，难度比标准俯卧撑大。起始姿势与标准俯卧撑一样，不过撑起时要击掌。击掌俯卧撑可以增强胸肌的爆发力（图5-31）。

（1）

（2）

（3）

图 5-31　击掌俯卧撑

4.腕卧俯卧撑

标准俯卧撑姿势,双手握拳撑住身体,双手间距可与肩同宽或略宽,一伏一挺即为完成(图 5-32)。

（1）　　　　　　　　　（2）

（3）

图 5-32　腕卧俯卧撑

5.膝跪地俯卧撑

标准俯卧撑姿势,双腿和交叠在一起,手的位置一样的 1.5 倍,略微得比肩宽一点。从头后枕骨到你的臀,或者到你膝盖一条斜线,吸气往下吐气往上(图5-33)。

(1)

(2)

(3)

图5-33 膝跪地俯卧撑

6.指俯卧撑

标准俯卧撑,姿势双手五指分开,用手指撑住上体,两臂伸直与地面垂直,两手距约与肩同宽,挺胸、收腹、紧腰,两腿并拢伸直,脚尖部位撑地,全身挺直(图5-34)。

(1)

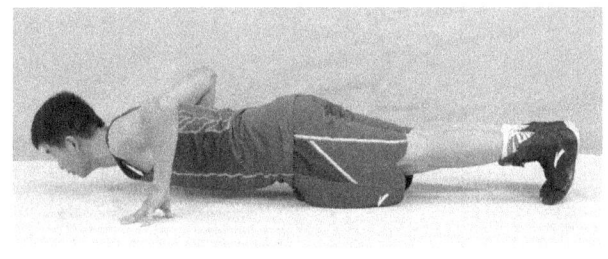

(2)

(3)

图 5-34　指俯卧撑

四、耐力的训练

对于拳击运动员来说还需要对其进行耐力的训练,这就需要教练个人采用合适、科学的耐力训练方法来对拳击运动员进行个人耐力的训练。以往拳击运动员进行耐力训练时一般采用单一的耐力训练或者专项训练。但是这样的训练方式在实践中暴露出了一定的弊端,最主要的缺点是不能更好地将拳击运动员的耐力体现出来。除此之外,运动员还应采用有氧耐力训练和无氧耐力训练相结合的方式。有氧耐力主要是通过跑步等运动方式来提高运动员的心肺呼吸功能,提高他们的有氧的摄入和输出能力;无氧耐力训练就是耐酸性训练,比如进行沙包训练等。总的来说,最合理地个人耐力训练方式就是将这几种耐力训练的方法有效结合。同时拳击运动员的教练员还要根据不同的队员制定不同的训练方式,合理地安排运动员的训练方法,遵循由浅入深的原则,保持训练的多样性,运动员的耐力训练可以达到一定的竞技水平。

五、速度的训练

速度是表示物体运动快慢的物理量,通过简单或复杂的动作的反应速度、动作速度、移动速度等基本形式表现。因此,速度训练可以极大程度地开发拳击训练中的反应能力和爆发力,提高他们的身体快速运动的能力和最高速度,有助于在实战对抗中保持攻防优势,更好的控制节奏,做好攻防转换。速度训练的方法也是各式各样,不同的优劣性有不同的区别。主要的速度训练方法有以下几项:一是下坡跑助力速度训练,通过下坡跑的冲击性提高人的瞬时爆发力和初速度,有助于在应激情况时敏捷应对,瞬时反应做出应对措施;二是牵引跑助力速度训练,是通过把弹力带两端系在两名受训者身上,相互角力将弹力带拉长,在逐次调整平衡后完成牵引跑,逐次加大强度,不断激发运动员的潜力,在反复的训练中提高肌肉记忆,增强反应速度和动作速度;三是动作速度的训练,动作速度是某一特定动作速度的表现,动作速度是一个有机体快速完成某一特定动作速度的表现,取决于爆发力的强度和大脑皮层神经过程的激发强度以及神经系统与神经系统的快速协调。

六、灵敏性训练

拳击比赛要求运动员在比赛过程中要有灵活的步法移动和闪躲能力,以及快速的攻防转化能力。可以采用一般灵敏素质训练与专项灵敏素质相结合的方式,提高运动员灵活多变、快速准确的能力。一般灵敏素质可以采用10米三向折返跑、2分钟十字蹦跳、20秒滚翻的训练内容,增强腿部基本力量、腰腹力量、身体协调性、小腿肌群基本力量来提高灵敏性。专项灵敏素质训练采用双人拍肩反应练习、抱膝展臂跳、基本拳击攻防步法练习跳跃练习等提高肌肉群协调能力,促进专项灵敏的发展。

综上所述拳击训练的过程中,一定要更加重视拳击运动员的身体素质训练,通过一系列科学合理的身体素质训练方法,让拳击运动员的身体素质能够得到有效的提升,训练更好的身体素质,提升更高的运动水平。

第六章 拳击的基本器材练习

第一节 手靶练习

大家在学习拳击时,需要进行很多训练,击打手靶就是其中一种训练方法,击打手靶是培养实战中的反应能力、击打技术、防御技术和战斗策略的最佳途径之一。击打手靶不仅是一个很棒的训练方法,而且充满刺激和挑战。同时,它也是最贴近对打的模拟对抗训练方式。正确的了解手靶,才能打好拳!

1. 击打手靶的好处

作为一名拳击手,打手靶训练是最好的训练方法之一。它会让你更逼真地练习战斗动作。重视击打手靶训练会给你提供以下帮助:提升出拳技巧(包括技术、力量、速度、耐力、精准和时机掌握),提高攻击技巧(角度组合拳),提高防御技巧(格挡、滑步),提高机动能力(步法、策略、反击)。

击打手靶的关注点、节奏、进攻一定要有节奏感,动作应该自然流畅。出拳—出拳—出拳—闪躲—闪躲,而不是出拳—出拳—出拳……要知道我们不是在赛跑。判断节奏是否适合你的最好方法是通过你的呼吸和耐力水平来检验。如果你大口地喘气,而且用尽全身力气去进攻,那你可能就忽视了节奏,注意出拳的准确度,应该把一些注意力放到对出拳准确度的控制上。如果狂乱地向拳靶出拳,并同时让陪练主动用拳靶接招根本没用。一定要瞅准了再出拳,同时利用出拳的技巧才是王道。要让肘部和其他关节处于正确的位置这会让你在击中目标时手腕不易受伤。力量在这里谈力量不是要提醒你力量的重要性,而是让你清醒地认识到力量是排在节奏和准确度之后。如果你想挖掘你的力量潜力,那你还不如去击打超大号沙袋呢。在实战或是训练中,你需要把握节奏和精确度,而后适时地全力击打。我们要关注的不是全力出拳,而是如何把力量的作用全部发挥出来。

2. 人靶的建议协调

既然目的是锻炼拳手的协调性,那么首先就要自然地站立,自然地移动,自然地呼吸和放松。人靶是拳手的榜样。节奏人靶要培养拳手稳定流畅的节奏感。从进攻到防守的流畅转换，从一套组合拳到另一套组合拳的流畅转换，从出拳到步法的流畅转换，要培养出拳手冷静的战斗节奏。只有帮拳手找到他自己的战斗节奏，拳手才会更稳、更准、更狠。回应时不要僵硬地举着手臂，放松身心，然后在双方拳头撞击的瞬间呼气、转向，并用手靶向外回击。这样就像你也在同一时间出拳，这能让你更好地化解对方的力道保持放松，并有助于保持一个良好的战斗节奏。多种方式不要只是一遍又一遍地和拳手做枯燥无聊的练习。学习新的组合拳，新的样式，看看别人是怎么做的，然后总结出适合自己的训练方法，尽自己最大努力去帮助拳手查缺补漏。如果你想帮助他对付左撇子拳手，那你自己采用左撇子的风格就好。提供反馈给拳手以技术和战略上的反馈。显然，如果你想给拳手真正有用的反馈这是需要时间和经验的，光说是不够的。比如只是说"哦，你的手往下放"，你需要更多地了解人体力学和拳击的技术。放缓这一点非常重要。如果拳手在特定技能或动作方面存在困难，这时就需要让训练慢下来，直到拳手能够完成这个训练。节奏上可以不变，但速度和强度可以稍微降低，确保在你加速或者更高级的技能之前拳手能够掌握他需要掌握的技术。培养实战反应能力的最好方法是让眼睛学会去看，而不是你打出一个刺拳他就要闪身避开。降低你的出拳速度让他看清拳法的来龙去脉。否则的话，他学会的只是闪躲而不是做出正确的反应。

3. 手靶训练方法

不同的拳击教练会采用不同的手靶训练方法来锻炼他们的拳手。每个教练都知道很多种训练方法，但是他们常用的却是其中的一种或者两种。全力训练这是典型的手靶训练套路。全力、全速，马力全开，关键就是不停地出拳。不过，这种方法虽然看起来令人印象深刻，但其实无益于提高拳手的技能。从好的方面来看这是一个令人振奋的锻炼方式。攻防训练这个训练主要是出拳和闪躲。其实很多时候攻防是并存的。你应该注意的是，防守动作需要随机测试，而不是像舞蹈那样预先设计好动作。纯防守练习能够使你养成良好的闪躲动作。这个训练可以作为热身或是放松训练，当然对提高你的防守能力也有帮助。准确度训练这又是一个有趣的训练方式。在这个训练中，持靶人不会告诉拳手手靶会出现在何时何地，他们会随机地出现，进而训练拳手出拳的准确性。情景训练手靶训练法，能够创造出新的角度来锻炼你的进攻和防守能力。教练会模拟战斗中不同的情景，如在近距离或实战中经常出现的角度。当然，有些教练也会模仿某种特定风格。他可以模仿左撇子或是其他典型的站姿。也许是进攻型拳手，也可能是防守型拳手，这种变化的可能性是无穷无尽的，这样你就可以做好应对各种拳手的各种风格。

击打手靶的作用主要有以下三个方面。

（1）通过击打手靶亲自验证是否在发力时，周身力量均整、协调，步法灵活多变，精神高度激发。

（2）手靶的训练可以有效地提高拳法的速度、击打的准确性和维持身体在动态中的平衡。

（3）击打手靶也是体能素质锻炼的绝佳方法。

一、原地手靶练习

双方采用一定的距离，并保持原地不动，让打靶人练习各种单独的基本拳法。移位的手靶练习。作手靶的人原地不动，随时移动手靶的位置，使打靶的人进行活动地打靶练习。活动的手靶练习。作手靶的人灵活地移动，并随时改变手靶的位置，让打靶的人随机应变地找合适的距离，准确地击打各种不同位置的手靶（图6-1）。

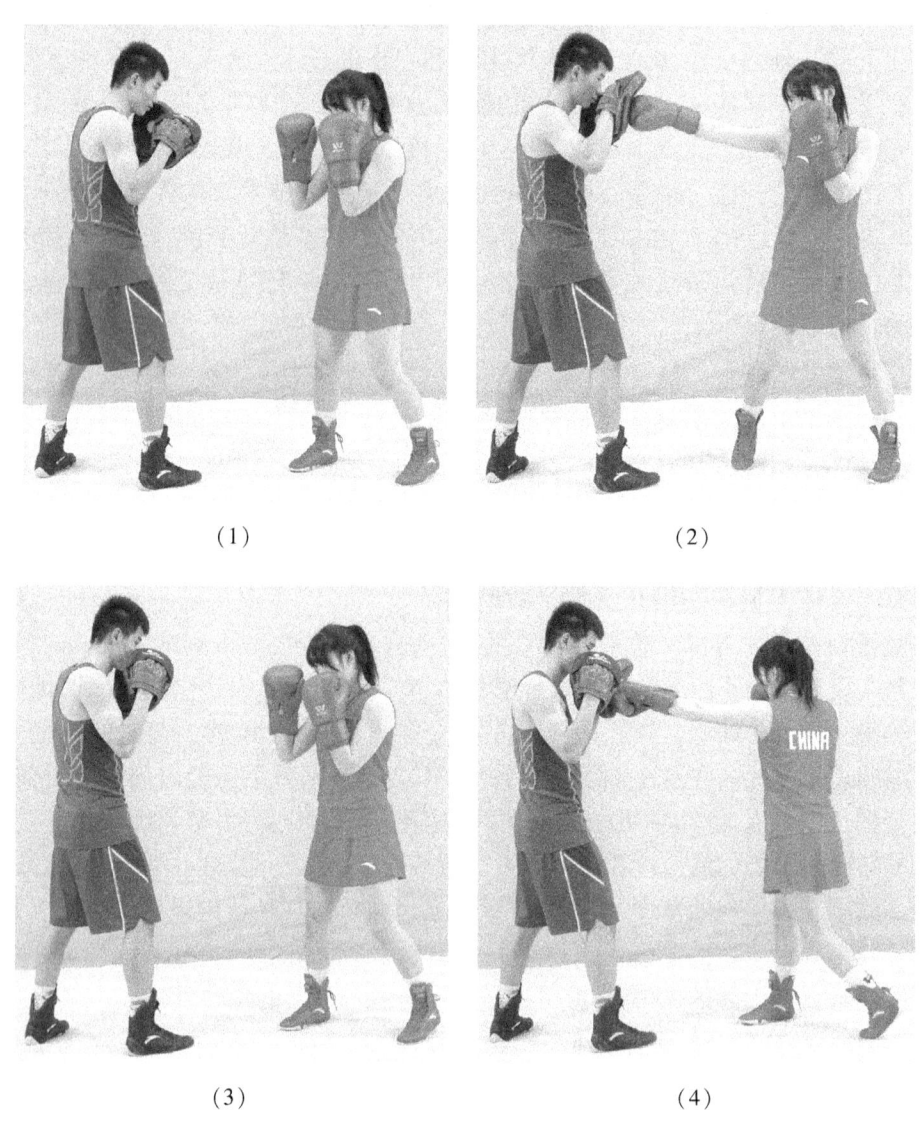

(1)　　　　　　　(2)

(3)　　　　　　　(4)

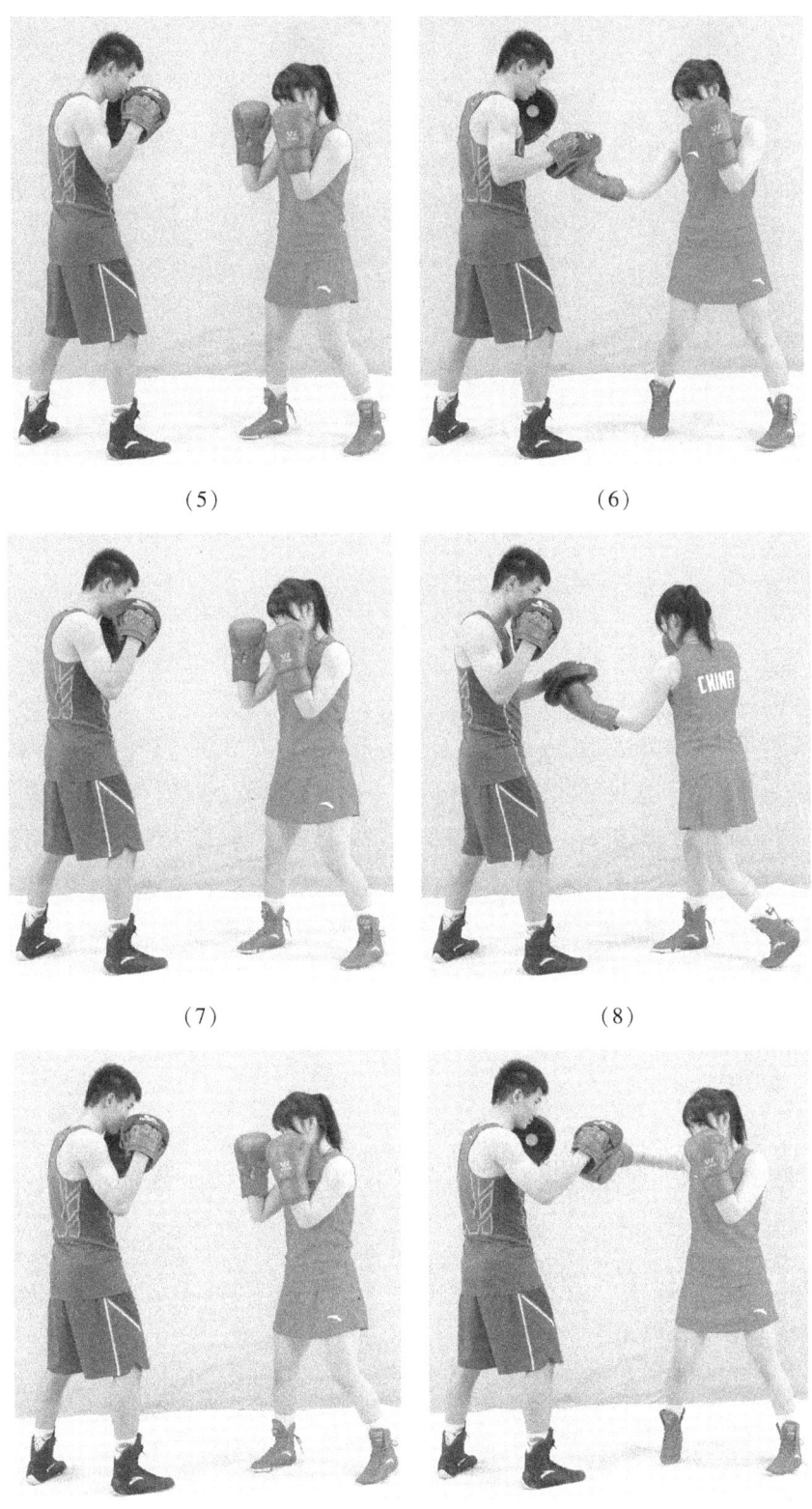

（5） （6）

（7） （8）

（9） （10）

(11)　　　　　　　　　　　(12)

图 6-1　原地手靶练习

二、上步手靶练习

待原地手靶打的熟练后,方可进行上步手靶练习,与原地手靶教学相比,上步手靶提高了练习的难度。这种练法要求教练员将手靶忽高忽低,忽扬忽掩,忽近忽远、忽左忽右,不断变换靶位,靶距离。练习者保持拳击的攻防姿势,随着靶位和靶间距变换,灵活调整自己的步距离和拳距,准确地击打手靶白色标志点。这种方法主要提高出拳速度、反应速度和准确的拳距感。上步手靶练习要做到判断准确,出拳有力。拳击空击时身体重心要保持平衡(图6-2)。

(1)　　　　　　　　　　　(2)

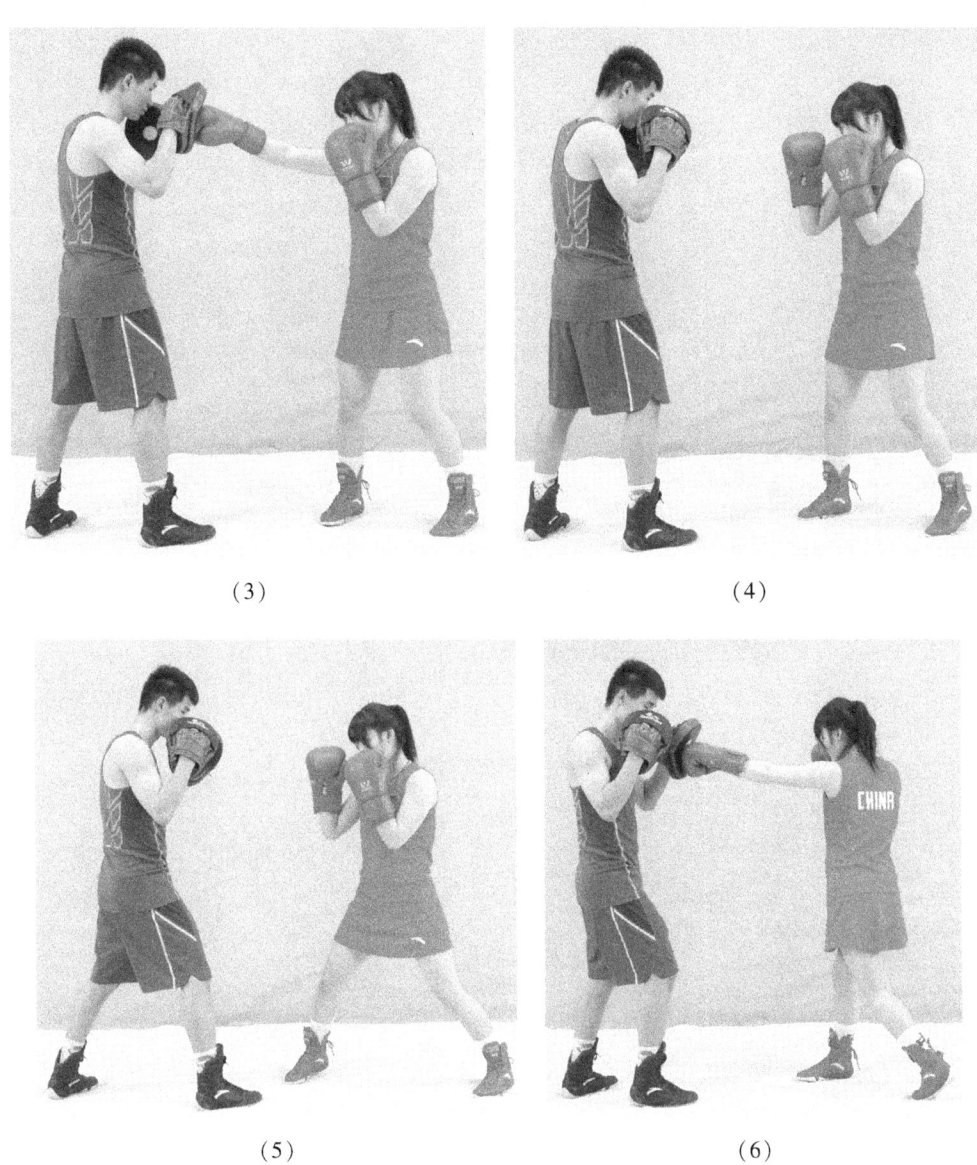

(3)　　　　　　　　　　　(4)

(5)　　　　　　　　　　　(6)

图6-2　上步手靶练习

三、撤步手靶练习

撤步手靶练习主要是针对两人在对抗时,对方进攻我方时,我方后撤出拳的一种技术方法,练习后撤手靶时可以有迎机、反击,也可有抢先进攻。

后撤手靶的技术特点:要以基本站姿开始,拿靶人员前进支靶,打靶人员以后撤为主导,在拿靶人员向前时后撤出拳,在出拳的同时要保持重心不可重心靠前或靠后偏移,进行有效的击打(图6-3)。

图 6-3 上步手靶练习

四、左右移动手靶练习

左右移动手靶是以脚下步法的两侧移动进行在移动中出拳有效的击打手靶的一种训练,针对两点:一是在对手进行紧逼进攻时我方做两侧的移动拉开距离来控制对手进行出拳的控制和反击。二是在对手移动时,我方进行两侧的卡位移动,进入到我方的击打距离然后进行有效的击打。

左右移动手靶的技术特点:以基本站姿开始,在拿靶人员向前进攻时我方可做出两侧的移动保持自己的控制距离,来进行有效的出拳控制击打和反击击打。

我方进攻时需注重脚下步法两侧的移动来卡位控制与对方的距离,主要针对移动型打法的对手,到距离后在进行有效的连续击打出拳。需要注意基本姿势的动作,预防对手的突然抢先的迎击和对手反击。

五、技术闪躲手靶练习

技术闪躲手靶是以身法为主要目的的一种技术手靶,主要针对两人在比赛场上对手的直拳和摆拳,闪躲是我们在拳击比较常见的一种技术动作,在对方出直拳或摆拳的时候,可根据对方的出拳做出相对应的闪躲,在闪躲时切不可动作过大,让自己的重心丢失,要保持好重心,在闪躲过去的同时,然后迅速地调整自己立刻反击(图6-4)。

(1)

(2)

（3）　　　　　　　　　　　　（4）

（5）

图6-4　技术躲闪手靶

六、连击拳手靶练习

连击拳手靶练习，是针对两人在比赛场上，对方用距离控制我方的进攻，这时我方就可用连击拳来攻打对方，以此来获得点同时它也是检验协调的一种方法，所以在连击拳练习时一定要注意拳的连贯性和步伐的配合，同时也要注意每出一拳，另一拳就要收回在脸上，预防对手抓住我方的空挡给予反击。

七、绕位摆拳手靶练习

绕位摆拳手靶摆拳是拳击中极具杀伤力的一种拳法,绕位摆拳主要是针对场上选手连续进攻时。我方利用步法的移动,避开对方的进攻区域,然后迅速反击摆拳。在针对这个训练的同时,一定要注意反击摆拳时一定要抓好空档,如果过早或过慢的话,只能说是徒用功,在步伐移动的同时,一定要注意不要让自己的攻击距离过远,不然摆拳会很难发挥出作用(图6-5)。

(1) (2)

(3)

图6-5 绕位摆拳手靶练习

第二节 沙袋练习

沙袋,是拳击训练中必不可少的训练器材之一。通过沙袋可以提高学员的体力、耐力、出拳的速度、节奏感、协调性以及出拳的力量,是学员最忠实最理想的训练伙伴。在拳击运动中,如果拳头、身体不够结实,那么很难打出有力量的拳来,当然,自身抗击打能力就很差,很难承受住对方的打击。通过打沙袋练习,逐渐提高其拳头的硬度、灵活性等素质,可以让学员自身强大起来,使拳头具有一定的打击力量的同时,也增加了学员的抗击打力,还提高了身体的协调性和耐力水平。

一、击打沙袋的距离

击打沙袋距离可分为远距离、中距离、近距离三种。远距离主要是直摆拳为主,而中、近距离主要是上勾拳和平勾拳为主。在击打的过程中要不停变化与沙袋之间的距离,在移动中练习不同的拳法组合,可以短时间提高学员的动作的准确性、灵活性速度等。注意的是:击打沙袋时要注意步伐与出拳的协调统一,利用身体转动来增加出拳的力量。

二、出拳的节奏

拳击打沙袋训练时,一定要注意出拳的节奏、和速度,结合不同的组合拳,不能同的发力来不断改变出拳的节奏。不要总重复一个节奏出拳,轻重拳结合,特别是组合拳,注意出拳的发力,不需要每一拳都发力,也不需要每一拳都不发力。根据出拳的节奏控制出拳的力量,可以在组合拳中在最后一拳发力,也可以练习单拳的发力。注意的是:在练习中还要注意距离同节奏的关系。

三、提高技术的动作规范

通过沙袋练习,可以纠正技术动作,改进技术。在训练时按照动作要领,借助沙袋反复练习,初学者一般1分钟一组,专业运动员3分钟一组。学员在具备了正确的技术定性的基础上,可以借助沙袋提高技术水平。在击打沙袋时,将沙袋假设为对手,1分钟或3分钟一组,中间休息1分钟的模拟训练。

四、沙袋要点

击打沙袋和空击练习时一样的,不同的只是将拳头打在假设对手身上。在击打沙袋时,要注意发挥自己在练习中学到的所有技巧,去控制沙袋,而不要让沙袋晃动。所以,在击打沙袋要注意动作的发力,不要去推沙袋,要结合身体的转动以爆发力击打沙袋。击打后迅速收回。

1. 远距离直拳练习

沙袋远距离直拳练习是有助于提高拳击的技术和力量的一项训练方法。远距离是指两人在较远的距离时,通过直拳来调整距离攻打对手,在沙包远距离训练中可以利用前手拳来调整距离,然后距离到位时可以出后手直拳。在沙包远距离直拳练习时,要注意切不可距离过近。导致拳打不直,也不可在距离过远时就急于出后手直拳(图6-6)。

(1)

(2)

（3）　　　　　　　（4）

图6-6　远距离直拳练习

2. 中远距离勾摆拳沙包练习

中距离勾摆拳沙包练习，是指两人在距离较近的情况可以出直勾摆拳来击打对手，在击打沙袋的同时，不要去推沙包，要用自己的拳锋击打。在出拳时尽量要有轻重结合，保持自己的重心，利用腰部和腿部，肩部力量，将力量发挥到极致（图6-7）。

（1）　　　　　　　（2）

（3） （4）

（5） （6）

图 6-7 中远距离勾摆拳沙包练习

3. 对抗近距离练习

对抗近距离练习，指两人在距离过近，直拳打不开的时候所用的勾摆拳打法，这种打法在拳击是很常见的，当距离过近时，选手会利用自身的核心力量对抗，然后抓机会迅速出拳得点。要注意的是手要护住头和肋骨，以防对手反击（图6-8）。

(1) (2) (3)

(4) (5) (6)

图6-8 对抗近距离练习

4. 绕位移动练习

绕位移动练习,要让自己的目光能够集中在沙袋上,你应该用目光泛视沙袋,让整个沙袋随时在你的目光范围内,而且你还要始终关注沙袋和你的距离,在你围着沙袋运动时,要不断用较轻的直拳或者刺拳打击沙袋,同时尽可能保持自己的呼吸。当你想出重拳时,则应该迅速上步并且出拳。当然打击重沙袋有点像跑步一切都与呼吸密切相关。所以不要总是想着要重击。你应该把注意力集中到调整自己的呼吸上,而不是出拳上(图6-9)。

(1)　　　　　　(2)　　　　　　(3)

(4)　　　　　　(5)

图6-9　绕位移动练习

5. 强度连击拳练习

强度连击拳练习在比赛中能够打出漂亮的组合拳,无疑是一名拳手技术与实力的最佳体现。组合拳技术可以帮助拳手更好地呈现技战术,一组流畅的组合拳也可以让拳手收获信心,比赛中组合拳打得越多,越有机会打中对手。盘点拳坛最经典最热血组合拳,组合拳都是刺拳先行,再结合右直拳和左摆拳的组合打出,以刺拳作为衡量出拳距离和时机的标尺,再辅以后手重拳组合。要想打好这些,练习打拳击沙袋是不可少的。不要期待你打出的每一拳都能够有效击中对手,组合组合,顾名思义就是用数量换取效率,单拳击中对手的难度很大,一组拳击中对手的概率就大大提高了。将对手逼到围绳或角落,迫使对手失去防守平衡,更能够施展组合拳的威力。出拳时要清楚明确每一拳的目的,刺拳是测距,左摆拳是撕开防守,右直拳是重击……每一拳都要有它的意义,这也要求我们控制出拳数量,保持简单的组合形式,目标明确,一气呵成。宽大的身体躯干永远比头部更容易击中,虽然击中对手的头部会让你更容易得点,但在实战中击打对手的身体绝对更有效果。如果你在使用组合拳时每一拳都竭尽全力,那你这轮组合拳出击无疑是失败的,你必须控制自己的出拳力量,而不是白白耗费体力。永远不要忘记控制距离,控制距离是组合拳的最大意义,控制距离进入打击范围,控制距离打出致命一拳。

第三节　双人对练

一、条件性对练

条件对练也可称为条件实战,它是有条件限制的实战,这是初学阶段或根据阶段训练内容以及为提高某些运动员的某种能力而设置的一种常见的训练手段,具有较强的针对性,是进行实战的基础。一般来说,条件实战主要是训练提高某一个方面的实战能力,同时也是遵循由易到难、循序渐进的原则,逐步过渡到完整实战的重要手段,规定一方主动进攻,另一方防守反击,防守反击的一方要根据主动进攻一方的动作,做出选择性反击。也可先规定进攻动作和防守反击动作,然后再过渡到任意进攻与防守反击。教练不仅要确保条件的全部贯彻执行,而且还要指导攻击者如何运用出拳。防守者和攻击者可以交换进行练习。

二、拳击的距离

拳击中攻击是否奏效取决于击法、速度和出拳时机,而这些因素又取决于两个拳击者之间的空间位置关系。因此,随时都要注意拳击距离。拳击者之间的距离可以被拳击高手估计得极为精细,但初学者往往对之模糊不清。能否恰当地调整出拳距离,决定着拳击者技术发挥的好坏。要认清并使自己适应以下几种拳击距离:远距离、中近距离、近距离。

三、中近距离条件对练

中近距离是最好的攻击距离,在距离内任何一方近身攻击,便形成了攻击范围内的距离。这是一个最有效的攻击距离,因为它使拳击手处在出手就得利的位置上。在比赛中,拳击者不断用计策和方法进入这个区域。但是中近距离也是容易丢分的距离,你们都能打到对手的同时容易失点,所以在这个距离内要注意防守(图6-10)。

(1)

(2)

(3)

(4)

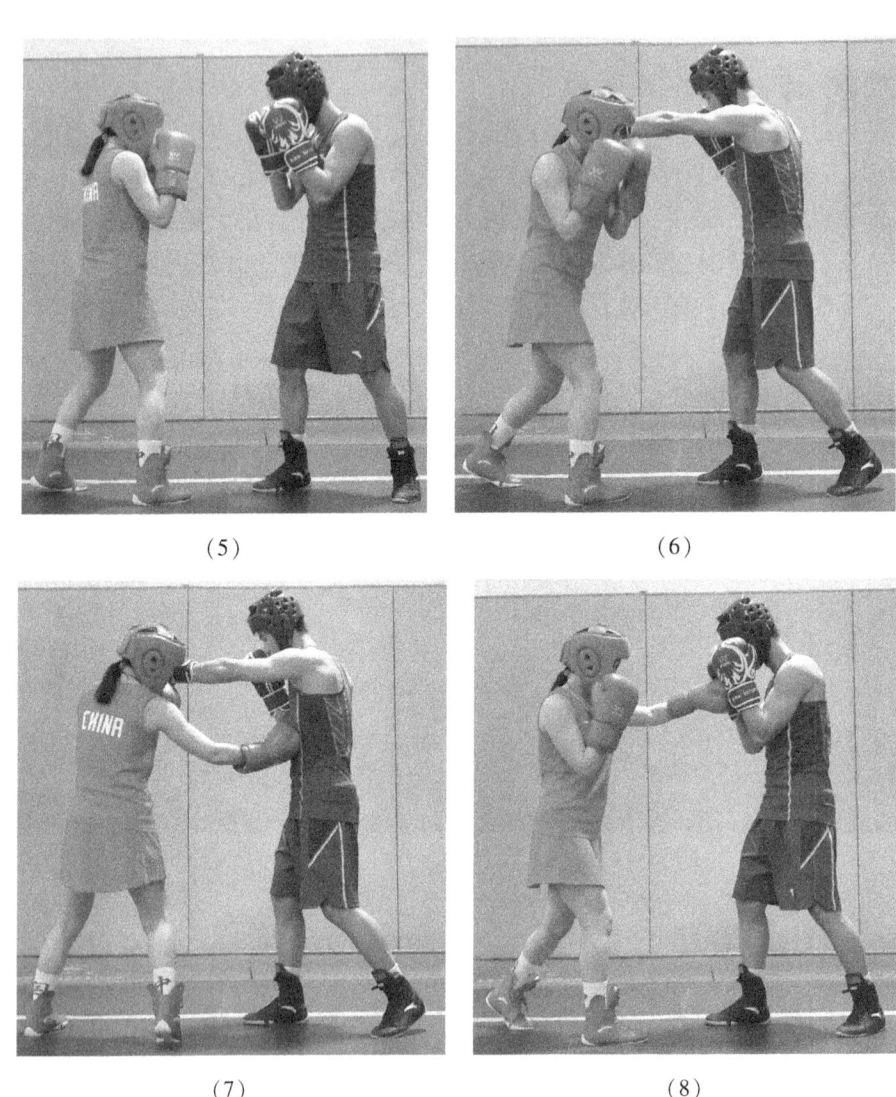

(5)　　　　　　　　　　　(6)

(7)　　　　　　　　　　　(8)

图6-10　中近距离条件对练

四、远距离条件对练

远距离对练主要是模拟两人在实战中较远距离的应对练习,在这个距离内主要以直拳为主,可利用前手假动作引诱对方开始出击,打出自己的有效拳,也可根据个人实力打出自己的优势如迎击反击等。

五、近距离对抗

近距离总会使人联想到近身对打和相互扭抱的动作。为了贴身近战,拳击者必须保证双方不受制于对方,而且还要保证有足够的空间使双臂能够发出一连串的短击。

扭抱就是一方或双方被对方抱住,以致一只手或双手不能活动。

近距离主要以勾摆拳为主,所以先出拳的一方往往是得利的一方。但是近身攻击对方一定要采取假动作虚晃的策略,为了成功地得点,向对手进身时手脚的假动作要配合好,让对手琢磨不透,留意对手是后撤还是上前抱臂,随机进身或避退,以便自己始终居于有效的攻击区域,当然每个人的攻击区域范围是不同的,它取决于各自的伸臂长度和体格状况(图6-11)。

(1)

(2)

(3)

(4)

图6-11 近距离对抗

拳击竞赛通则与安排简介

对于国际拳联的所有比赛和洲拳联批准的比赛,都应报国际拳联批准。对于其他国际拳联批准或不需国际拳联批准的比赛是否报国际拳联批准由主办方自由决定。但是,这些比赛都应遵守国际拳联的技术与竞赛规则。主办方至少应在赛前3个月得到国际拳联的批准。属于国际拳联批准的赛事中世界锦标赛和世界杯由国际拳联直接主办。除此以外的国际和洲际间比赛(具体指至少有三支来自两个大洲的队伍参加的比赛)都应报国际拳联的批准。属于洲拳击联合会批准的赛事中各洲锦标赛由洲拳联直接主办。除此以外在本大洲举办的至少有3个国家参加的比赛,应报各洲拳联批准。属于国家协会批准的比赛中除全国锦标赛外,其他所有国内比赛都应报本国拳击协会批准。

第一节 运动员的参赛资格

一、国籍

(1)任何运动员参加国际拳联批准的比赛,必须是参加该比赛的国际拳联会员协会公民,并拥有该国国籍。

(2)对于世界锦标赛、世界杯和其他国际拳联批准的国际比赛中,就运动员国籍问题产生的争议,国际拳联执行委员会拥有最终裁定权。

(3)按照国际拳联规则,对于洲际锦标赛和洲拳联批准的洲际比赛中,就运动员国籍问题产生的争议,洲拳联执行委员会拥有最终裁定权。

(4)如果运动员变更国籍,在国籍变更后3年,该运动员才能代表新国籍所在协会参加国际拳联批准的比赛。

(5)如果一个运动员已经代表了任何一个国家/地区协会参加过任何一场国际拳联批准的比赛,而他同时拥有两个或者多个国家的国籍,那么这名运动员只能选择代表一个国家或地区参赛。在这种情况下，一旦运动员决定代表某个国家或地区，3年内该名运动员将不能再代表其他会员协会参赛。

（6）在3年的注册期内，国际拳联将建立运动员的信息数据库，跟踪记录运动员的比赛信息。在比赛之前，主办方或组委会应把参赛报名表提交给国际拳联，以确认运动员的国籍和资格。然而在数据库建成之前，可通过护照、运动员手册或以前参赛纪录来核查运动员的国籍。

（7）在比赛之前，国际拳联办公室应当确认运动员的国籍和参赛资格。然而，在比赛期间，如果发生任何争议，由技术代表处理，之后提交国际拳联执行委员会批准。

二、参赛年龄

（1）17～34岁的男和女运动员为成年组运动员，青年运动员可以参照成年比赛的规则参加成年比赛。

（2）17～18岁的男女运动员为青年组运动员。

（3）15～16岁的男女运动员为少年组运动员。

（4）运动员的年龄以出生年份计算。

（5）所有涉及14岁以下拳击运动员的比赛由各国家、地区和各大洲负责组织开展。14岁以下拳击运动员的年龄段划分不得超过2年。

三、体重

1.每个级别限报一名运动员参赛

对于所有国际拳联批准的比赛，如世界锦标赛、世界杯、洲际锦标赛和奥运会资格赛，各参赛国家、地区每个级别限报一名运动员参赛。对于其他比赛，主办方和组委会有权决定各参赛协会在每个级别中报1名以上运动员参赛。

（1）成年男子和青年男子共设10个级别：49公斤级、52公斤级、56公斤级、60公斤级、64公斤级、69公斤级、75公斤级、81公斤级、91公斤级、91公斤以上级。

（2）成年女子和青年女子共设11个级别：46公斤级、48公斤级、51公斤级、54公斤级、57公斤级、60公斤级、64公斤级、69公斤级、75公斤级、81公斤级、81公斤以上级。

（3）少年男子和少年女子共设13个级别：46公斤级、48公斤级、50公斤级、52公斤级、54公斤级、57公斤级、60公斤级、63公斤级、66公斤级、70公斤级、75公斤级、80公斤级、80公斤以上级。

2.称重

（1）在第一个比赛日的早上，所有运动员必须接受称重。第一天全体称重开始到第一场比赛开始之间的时间间隔不能少于6小时。以后每日称重结束的时间到当天第一场比赛开始的时间间隔不能少于3小时。当有不可避免的情况发生时,技术代表在咨询医务委员会后有权对时间间隔稍作调整。

(2)称量体重由国际拳联任命的技术官员监督执行。运动员称体重时,允许有一名运动员所在协会的官员在场,但不得以任何方式干扰称量体重的工作。

(3)第一天全体称重时,运动员的体重不得高于或低于报名级别的体重。运动员在第一天全体称重时登记的体重,决定该运动员在整个比赛期间的参赛级别。尽管如此,运动员仍需在比赛当天称量体重,以确保其比赛当天的实际体重与参赛级别相符。运动员只允许参加在全体称重时确定的体重级别的比赛。

(4)称重时,运动员可着泳衣或内衣进行称重。如有必要,运动员可裸体称重。允许使用电子体重秤。试称和正式称重的体重秤必须是同一个生产商生产,并具有相同的刻量标准。

3. 所有非国际拳联批准的比赛

(1)称体重应由主办国、地区拳击协会官方指派的一名官员负责,同时邀请本国或他国另外一名代表协助,两人负责对运动员的体重作最后核定。

(2)如果运动员体重超重,但超重的重量在0.5公斤之内,可允许该运动员参加比赛。但无论比赛结果如何,判超重运动员所在队伍该场比赛输,对方运动员(假如体重和体检都合格并着装整齐参加比赛)获胜。如果双方运动员均超重,则判双方队伍都输掉了该场比赛。如果一方运动员的体重超重在0.5~3公斤,则对方的官员有权决定是否允许参加比赛。如果同意比赛,而体重合格的运动员所在队伍获得该场比赛的胜利。在称重之前,运动员必须接受体检,体检由官方指定的具有资格的医务仲裁执行(适用于对抗赛、友谊赛)。

四、运动员的健康资格

参加国际比赛的运动员,必须具有运动员手册,手册上必须具有由国际拳联医务委员会认可的医师所开具的"适合参赛"的体检证明。体检信息必须填写完整方可有效。最近一次进行的年度体检距比赛日的时间不能超过一年。运动员在每天比赛以前,都必须再次接受体检,获得组委会官方医务人员体检合格后方可参赛。奥运会、世锦赛、世界杯以及其他一些国际拳联的重要赛事,每日体检由国际拳联医务委员会负责。

1. 允许参赛的残障条件

(1)运动员失聪或者失语。

(2)运动员可以缺一个手指,只要残缺的手指不是大拇指。

(3)运动员至少有一个脚趾,但这个脚趾必须是大脚趾。

(4)运动员可以带护膝参赛,但必须是未使用铁和硬塑料支撑物的软护膝软膝支撑,由医务仲裁认定。

(5)运动员"适于比赛"的各项指标请参见最新的医疗手册。

2. 限制参赛

对于具有如下限制规定的运动员不能参加任何国际拳联批准的比赛。

(1)伤口和擦伤。因头部、面部(包括鼻、耳)有伤口、创伤、擦伤、裂伤或流血而包扎的运动员均不得参加比赛。有擦伤或破口的运动员既不能在用敷料包扎后参赛,也不能敷用火棉胶或用消毒胶带处理后参加比赛,但该限制参赛决定需由医生在比赛当天检查时确定。

(2)运动员在体检称重时应保持脸部清洁,不允许蓄胡子。比赛时,运动员身上不允许戴有任何配饰。

3. 禁赛结束的医务证明

运动员因个人出现的状况,如兴奋剂检查不过关,而被终止一段时期的比赛进行调整。禁赛期结束后,必须经医生检查合格后才能恢复比赛。

4. 因头部受重击台上裁判员终止比赛

当运动员头部受重击不能继续比赛时,台上裁判员终止比赛,并向比赛仲裁和台下评判员示意"因头部受重击而被判终止比赛",在运动员头部连续受重击而失去防守和继续比赛的能力,出于保护运动员的目的,台上裁判员可做出终止比赛的判决。(而当一方运动员只是略占优势时,不适用此规定)

(1)第一次被击倒或因头部受重击而被判终止比赛。比赛中因头部受重击被击倒或因头部受重击失去防守和继续比赛能力而被判终止比赛的运动员,从其被击倒或终止比赛开始,至少4周内不得参加拳击比赛或训练。

(2)两次被击倒或因头部受重击而被判终止比赛。在3个月的比赛中,若连续两次因头部受重击被击倒或因头部受重击失去继续比赛能力而被判终止比赛的运动员,从其第二次被击倒或终止比赛开始,3个月内不得参加拳击比赛或训练。

(3)3次被击倒或因头部受重击而被判终止比赛。在一年的比赛中,若连续3次或因头部受重击失去继续比赛能力而被判终止比赛的运动员,从其第3次被击倒或终止比赛开始,一年内不得参加拳击比赛或训练。

(4)每次因头部受重击而被击倒或因头部受重击而被判终止比赛的判决,都必须在运动员手册上标注清楚。

(5)如果运动员在训练时被击倒,以上条款同样适用。教练有责任向所在协会报告。

(6)如果运动员在"停止"或"分开"后被击中头部而被宣布比赛结束,违规击打对方的运动员将被取消比赛资格。

(7)运动员受重击倒下,但没有昏迷的,至少1个月不得参加比赛或训练。

（8）因受重击而昏迷1分钟的运动员，至少3个月不得参加比赛或训练。
（9）因受重击而昏迷1分钟以上的运动员，至少6个月不得参加比赛或训练。
（10）国际拳联医务委员对于受伤运动员的参赛限制有明确的规定。
（11）受伤运动员必须经医生证明已恢复后，才能继续比赛。

五、非国际拳联组织的职业拳击比赛

任何参加了非国际拳联组织的职业拳击比赛的运动员，将不允许参加任何国际拳联批准比赛。运动员比赛有效的文件证明有以下几个。

（1）护照检查——确认运动员的国籍和出生日期。
（2）运动员手册——确认运动员的体检记录和会籍。
（3）比赛身份注册卡——确认运动员本次参赛的有效性。
（4）身份验证合格证明——在运动员得到所有检查确认后，方可进行体检和称重。

六、体检

（1）在称重之前，运动员必须接受体检，体检由医务仲裁委派的医生负责，以确保运动员身体状况适合参赛。技术代表可决定提前进行体检。医务仲裁主任可选择当地的队医协助医务仲裁体检。

（2）在体检和称体重时，运动员必须出示由本国/地区拳协秘书长或执行主任签署或盖章的最新国际比赛运动员手册。如果运动员在体检和称体重时不能出示运动员手册，将不得参加比赛。

（3）另外，女子运动员要如实回答医务仲裁的各种问题，还要提供本人签名的未孕书面声明。

（4）在国际拳联批准的比赛中，允许做性别检测。

（5）全体称重时替换运动员。

1）第1天全体称重时，每名运动员只允许在正式体重秤上称量1次体重，该刻度将被作为最终体重记录下来。

2）当运动员全体称重时的体重不符合该运动员的报名体重，如果该代表队在高一个级别或低一个级别上没有运动员参赛，允许其官员将该运动员更改到高或低一个级别，该变更必须在全体称重结束前完成。

3）参赛单位可以在第1天体检和全体称重结束之前的任何时候提出替换运动员。但前提是该比赛允许替补，且替补运动员的名字在报名表中。

4）本条规则只适用于所有国际拳联批准的比赛，在奥林匹克运动会中不适用。

5)所有其他形式的替补和换人必须在体检和全体称重前完成。

第二节　拳击比赛的编排与抽签

（1）抽签应当在体检和全体称重后尽快进行。抽签必须在体检和全体称重结束后3小时内进行，并且必须与第1天第一场比赛间隔至少3个小时。抽签必须在有参赛队伍代表参加的情况下进行。日程安排上，必须避免在该级别上有运动员已经打了两场比赛，而还有某个运动员一场没打的情况。但在特殊情况下，技术代表有权灵活处理。

（2）奥林匹克运动会的抽签应在比赛前一天举行。

（3）电脑抽签可在所有国际拳联批准的比赛中使用。如果电脑抽签出现故障，可使用人工抽签。全体称重和抽签应在同一天进行。

（4）轮空。在有4名以上运动员参加的比赛中，在第一轮中必须抽出足够的轮空名额，以使参加第2轮比赛运动员的人数为2的乘方数（如4,8,16,32等）。第1轮轮空的运动员在第2轮比赛时，应首先出场比赛。如轮空是奇数，则抽到最后一个轮空位的运动员将同第一轮第一场比赛的胜者进行比赛。如轮空为偶数，则轮空的运动员将按其抽签顺序在第二轮首先比赛。没有经过比赛的运动员，不能获得奖牌。

（5）比赛顺序。在世界锦标赛、奥运会和洲际锦标赛中，比赛应尽可能按体重级别的顺序进行，每轮比赛中，最小级别的运动员先出场，然后是稍大的级别，直至最大级别，紧接着是下一轮的最小级别，依此类推。在半决赛和决赛的赛程安排上，如果组委会提出的请求不会对抽签的结果产生影响，技术代表可以适当予以满足。

（6）重新抽签。在最后的体重级别抽签没有结束之前，如果出现错误或者不可避免的情况发生时，技术代表有权决定是否对某个体重级别重新抽签。

第三节 拳击比赛期间和后期的主要工作

一、比赛回合

(1) 所有国际拳联批准的成年男子组比赛,采用三回合制,每回合 3 分钟。
(2) 所有国际拳联批准的女子比赛,采用四回合制,每回合 2 分钟。
(3) 所有国际拳联批准的青年男子组比赛,采用四回合制,每回合 2 分钟。
(4) 所有国际拳联批准的青年女子组比赛,采用三回合制,每回合 2 分钟。
(5) 所有国际拳联批准的少年男子组比赛,采用三回合制,每回合 2 分钟。
(6) 所有国际拳联批准的少年女子组比赛,采用三回合制,每回合 1.5 分钟。
(7) 所有以上比赛,回合之间休息 1 分钟。

二、胜负判定

(一) 得分获胜

得分获胜:比赛结束时,得点多者获胜。如果两名运动员都同时受伤或同时被击倒而不能继续比赛,台下评判员应记录每个运动员到终止比赛时所获得的点数,点数上领先的运动员获胜。

(二) 弃权

(1) 弃权获胜:如果一方运动员由于受伤或助手抛毛巾自愿退出比赛,或者在回合间休息后不能继续比赛,则判另一方运动员获胜。
(2) 不得无故弃权和消极比赛。

(三) 台上裁判员终止比赛获胜

1. 实力悬殊

是指当一名运动员明显处于劣势或身体状况不适宜继续比赛时,台上裁判员终止比赛。当台上裁判员认为一名运动员处于明显劣势,或受到过多的重击时,应该终止比赛,并宣布对手获胜。

2. 因受伤终止比赛

(1) 如果台上裁判员或医务仲裁认为一方运动员在比赛中,因被有效拳或其他正确合理的动作击打受伤或因其他身体原因不适宜继续比赛时,可终止比赛,另一方运动员获胜。如果两方运动员同时受伤,台上裁判员可终止比赛,并宣布得分高者获胜。

(2)终止比赛的决定属于台上裁判员。台上裁判员可向医务仲裁做出决定,医务仲裁也可向台上裁判员示意停止比赛。

(3)当台上裁判员请医务仲裁上台为运动员进行检查时,只准许1名医务仲裁进入拳台,其他任何人不得进入拳台或靠在围绳上。

(四)因对手被取消比赛资格获胜

如果一名运动员被取消比赛资格,他的对手即被宣布为胜方。如果双方运动员同时被取消比赛资格,则双方被判取消比赛资格。被取消比赛资格的运动员,不能获得该比赛的任何奖励、奖牌、奖杯、荣誉、积分和晋级。

(五)击倒获胜

如果一方运动员被击倒,数秒到10后仍然不能继续比赛,即宣布另一方运动员"击倒对手获胜"。

(六)因头部受重击,台上裁判员终止比赛获胜

一方运动员因头部遭到连续重击而不能继续比赛,则宣布他的对手获胜。

(七)因故停赛

比赛中发生了短时间内不能解决的意外事件,如拳台损坏、停电、气候异常等,台上裁判员可宣布因故终止比赛。若是在锦标赛中,需由仲裁委员会做出进一步决定。

(八)对手未出场获胜

一方运动员已进入拳台准备就绪等待比赛,而另一方运动员未出场比赛,当比赛锣响后1分钟内,对手仍未出场,台上裁判员则应宣布场上运动员因对手未出场获胜。台上裁判员应首先通知比赛仲裁,然后将获胜运动员引领至拳台中央,待宣告后,举起获胜运动员手臂。

(九)比分相同情况下的判定

(1)一场比赛结束后,如果双方得分相同,判定方式为:去掉双方运动员有效分的最高分和最低分之后相加。如果分数仍然相同,则由5名台下评判员同时按下各自认为获胜方的按钮判定,判定胜负的依据为:①在比赛中处于主动或体现出较好的技术风格者。②在比赛中体现了较好的防守技术(阻挡、格挡、闪躲等),

使对方击空或击打无效者为胜。

（2）在所有国际拳联的比赛中，都必须决出各级别最后的胜者。

（3）只有在对抗赛中可以判平局。例如，在对抗赛中第一回合如有运动员受伤，可判定为平局。

（十）台上裁判员无法控制的情况

（1）如果突发事件（例如停电）发生在第一、第二或第三回合比赛（第四回合除外）开始计时后的1分钟内，影响了比赛的继续进行，应终止该场比赛，并将比赛调整到本单元最后一场进行。

（2）如果突发事件发生在最后一回合，比赛应终止，并由台下评判员做出选择，判定获胜方。

（3）如果不能在当天比赛单元重新比赛，则可将该场比赛安排至下一单元比赛开始时进行。如果下一单元比赛在第2天进行，运动员则应参加第2天的体检和称重。

（4）如果比赛必须被中断，但在短时间可以恢复，则将比分记录下来，等待比赛继续进行。

（十一）申诉

（1）申诉应由领队在该场比赛结束后半小时内提交。任何申诉都可以针对台上裁判员和台下评判员对该场比赛的判定而提出。

（2）申诉应以书面形式向仲裁委员会主任提出，申诉书中必须明确说明理由。

（3）申诉费500美元（国内比赛申诉费3 000元人民币）。如果申诉成功，其中100美元（500元人民币）将会被扣除作为审议费，其余400美金（2500元人民币）

三、记分系统

（1）所有比赛必须使用"10分系统"。

（2）在每场比赛开始前，记分系统会从5名评判员中随机抽选3名，只有被抽选出的3名评判员的分数会被计入最终评分计算在内。

（3）每一回合比赛结束时，每位评判员必须通过10分制评分打点决定该回合的获胜方。获胜方可得10分，失败方可获得9分或者更少的分数，最底为6分。评判员根据对手在该回合中的失分程度来判断。每一回合必须评出获胜方。

1.评判员根据以下标准独立评分

（1）击打有效部位有效拳的数量。

（2）整场比赛的优势比赛的控制。

（3）主动性。

(4)技战术水平。

(5)对规则的执行情况犯规。

2.评判员必须使用以下标准进行回合打分

(1)10比9——双方实力相近。

(2)10比8——胜负明显。

(3)10比7——一边倒的比赛。

(4)10比6——完全悬殊的比赛。

(4)如果每位评判员给出的总分,包括任何扣分,在比赛结束时持平,该评判员必须在记分系统中决定本场比赛的最终获胜者。

(5)最后一回合比赛的得分不得在宣告之前公布或者显示。比赛监督会通知播报员宣告比赛结果。

(6)如果记分系统发生故障,台上裁判员会每回合结束后收集5名台下评判员带有姓名的记分表交给比赛监督。比赛监督将从5名评判员随机抽出3名评判员的评分表。第2回合起,比赛监督仍使用上述抽选出来的3名评判员的记分表。

四、犯规

(一)犯规动作

(1)击打腰以下部位,搂抱、绊人、踢人、用膝关节和脚顶撞对方。

(2)用头部、肩部、前臂、肘关节顶撞或击打对手,使对手呼吸困难,用手臂或肘关节挤压对方的面部,把对手的头向后压向围绳。

(3)利用开掌、掌心、掌根或拳套侧面击打对手。

(4)击打对方背部,尤其是击打对方的颈后、后脑和肾部。

(5)抢打。

(6)握住围绳或不正当的利用围绳进行击打。

(7)用角力动作搂抱,压靠或摔绊对方。

(8)击打已倒地或倒地后正在起立中的对手。

(9)搂抱对方。

(10)将对方抱住击打或拉住击打。

(11)搂抱,锁挟对方的手臂或头部,或反推对方的肘关节。

(12)身体下蹲过低,头部下潜至对方腰带以下,造成危险动作。

(13)抱头弯腰、故意摔倒、跑动或者转身进行消极防御。

(14)比赛中以不适当、挑衅性或不礼貌的语言刺激对手。

(15)当台上裁判员命令"分开"时,不向后退。

(16)当台上裁判员命令"分开"时,未后退一步便试图袭击对手。

(17) 在任何时候,袭击裁判员或对裁判员有挑衅性的举动。
(18) 有意吐出护齿。
(19) 伸直前手手臂以阻挡对手视线。

(二) 告诫、警告、取消比赛资格

在比赛中,如有运动员不服从裁判员、违反规则规定、出现违背体育道德的行为或犯规,台上裁判员可酌情给予该运动员告诫、警告或取消其比赛资格的处罚。台上裁判员在对运动员提出警告时,应中断比赛,用手势示意犯规类型。然后向每个台下评判员指出被警告的运动员。在对一种类型的犯规给予警告后(例如搂抱),如该运动员仍有同一类型的犯规出现,则不得再给予告诫。对同一类型犯规的第三次告诫应给予警告。在一场比赛中,一名运动员只能给予3次警告,第三次警告后自动取消其比赛资格。

如果一方运动员得到台上裁判员的警告,并且该警告得到台下评判员的认可,台下评判员则会按下电子记分器上相应键,对方得2分。

如果台上裁判员认为运动员有犯规行为,而自己没能看清楚时,可以与台下评判员商议。

告诫、警告、取消比赛资格在比赛中,如有运动员不服从裁判员、违反规则规定、现违背体育道德的行为或犯规,台上裁判员可酌情给予该运动员告诫、警告或取消其比赛资的处罚。台上裁判员在对运动员提出警告时,应中断比赛,用手势示意犯规类型。然后向每个台下评判员指出被警告的运动员。在对一种类型的犯规给予警告后(例如搂抱),如该运动员仍有同一类型的犯规出现,则不得再给予告诫。对同一类型犯规的第3次告诫应给予警告。在一场比赛中,一名运动员只能给予3次警告,第3次警告后自动取消其比赛资格。

如果一方运动员得到台上裁判员的警告,并且该警告得到台下评判员的认可,台下评判员则会按下电子记分器上相应键,对方得2分。

五、倒下

1. 定义

运动员在比赛中出现下列情况,可判为倒下:
(1) 受到击打后,除双脚以外的身体任何部分触及地面。
(2) 受到击打后,体力不支倒在围绳上。
(3) 受到击打后,身体或身体的部分越出了围绳;
(4) 受到击打后,虽没倒下,也没有倚靠在围绳上,但处于半昏迷状态,裁判员认为其丧失了继续比赛的能力。

2. 数秒

运动员被击"倒下"时,台上裁判员应立即大声数秒。从1数到10,两个数字的间隔为1秒,并用手势表示秒数,让被击倒的运动员知道秒数。如果被击倒运动员在数完秒数前已站立起来准备继续比赛,台上裁判员从1数到8。从运动员"倒下"倒数第1秒时,中间应有1秒钟的间隔。数秒同时应让对方退至中立角,如对方没有按台上裁判员的指令退至中立角时,台上裁判员应中断数秒,直到该运动员退至中立角,数秒再从被打断的地方继续进行。

3. 有关对手的规定

如果一名运动员被击"倒下",他的对手必须立即移至台上裁判员所指定的中立角。

4. 强制性"数8"

在一名运动员被击"倒下",台上裁判员数秒的过程中,虽然该运动员在数完8秒之前身体状态已经恢复正常,并准备继续比赛,但台上裁判员仍须继续强制性地数到8秒后,才能继续比赛。

5. 击倒获胜

一名运动员被击"倒下",台上裁判员已数到10并说出"OUT",则宣告比赛结束。判对手"击倒获胜"。

6. 运动员在回合结束时被击倒

在国际拳联批准的比赛中,运动员在任何一个回合结束时被击倒,台上裁判员应继续数秒。如果台上裁判员数到"10"秒,将判其被"倒下"而输掉比赛。

7. 没有受到新的击打而再次倒下

一名运动员被击倒下,待台上裁判员数完8秒后继续开始比赛。如果该运动员在没有受到新的击打之前再次倒下,则台上裁判员应从8开始继续数秒。

8. 两名运动员同时倒下

如果两名运动员同时倒下,只要其中一名运动员仍然处于"倒下"状态,台上裁判员即应继续数秒。若数到10秒时,两名运动员仍然处于"倒下"状态,则停止比赛,判双方"被击倒"输掉比赛。如果这种情况发生在决赛和半决赛中,则根据两人倒下前所得的分数评出胜负。

9. 强制性"数8"的限定

在成年男子或女子比赛中,如果一名运动员在一个回合中被"强制性数8"3次,或在整场比赛中累计被数4次,则台上裁判员应终止比赛(判对手因裁判员终止比赛胜或因头部受伤终止比赛胜)。在其他年龄组比赛中,在一个回合中被"强制性数8"两次,或在整场比赛中累计被数3次,则台上裁判员应终止比赛。由于对手犯规而被击倒的则不受此规定限制。

六、拳击后期的主要工作

主要任务是发展专项身体素质,巩固和提高技战术水平,培养个人绝招,培养过硬的训练和比赛作风。

训练安排:不断地增加负荷强度,负荷量增至最高后适当减少,以专项练习为主。

(一)竞赛期(时间为1个月左右)

任务:做好赛前的准备工作,进行赛前模拟训练、战术训练和赛前心理训练,进一步提高专项身体和技术的训练水平,形成竞技状态,参加比赛,创造优异成绩。

训练安排:针对主要对手特点进行模拟训练,强度增至最大,同时保证机体得到充分的恢复。

(二)休整期(时间为3周左右)

进行积极性休息,总结上半年训练和比赛经验,制订新的目标和计划。

训练安排:恢复性的一般训练,训练量和强度均较小。

1. 阶段训练计划

阶段训练计划主要是使年度训练计划在训练过程中得到进一步的贯彻,而一个阶段的训练过程又可以是若干个周训练过程的组合。当年度训练计划出现偏差时,主要通过阶段训练计划来进行调整。

阶段训练的总目标、任务及各小周期任务;阶段训练计划的时间安排、总周数、总训练日、总课时、总时数等具体指标;各种训练内容的比例及在小周期中的安排。在拳击运动训练中,在执行阶段训练计划时,应力求保持与年度训练计划的一致性和连贯性。在年度训练过程中,常常为完成某个特定的训练任务而专门制订连续几周的阶段训练计划。如增加强度的阶段训练计划、发展个人绝招技术的阶段训练计划等。

2. 周训练计划

周训练计划应以阶段训练计划为依据,结合训练各方面的实际情况来制定。通过周训练计划,使阶段训练计划内容更加详细和具体。在拳击训练中,一般是以日历周(7天)为一个小周期,根据训练任务和内容的不同可分为基本训练周、赛前训练周、比赛周、恢复周四种类型。

基本训练周的主要任务是通过负荷的变化使机体产生新的生物适应现象,以此不断提高运动员的竞技能力。

赛前训练周的主要任务是根据比赛的要求,采用各种训练方法促使运动员的机体适应比赛,为形成竞技状态做准备。

比赛周的主要任务是为培养运动员最佳竞技状态作最后的调整,参加比赛,力争创造优异成绩。

恢复周的主要任务是降低负荷,消除疲劳,为下一步训练做好准备。

(1)周训练计划的基本内容　周训练的总任务与每天、每课次的任务与要求;1周训练的日数、周总课次数、每天的课次数、每次训练的具体时间及安排;每日或每次课的主要训练内容;每日负荷及周负荷节奏。

(2)每日的恢复措施　测验、比赛与测定的安排。由于拳击项目的专项特点的要求,除恢复的训练日之外,几乎每天都安排技术练习,下表举例是基本训练周,以技术训练为主的周训练计划安排的内容。应注意的是要根据不同训练内容的负荷特点予以适当的交替安排,尽量避免由于局部负荷过重和过于集中而引起的过度训练。

拳击裁判规则简介

第一节 台上裁判判罚标准与注意事项

拳击比赛的裁判工作是在仲裁委员会的监督和指导下进行的,它下面设有裁判组、评判组、场记长、记录员、计时员、检录员、临场宣告员、临场医生等。他们既要在各自的岗位上各司其职,又要彼此相互协调、相互配合来完成工作。

裁判工作是拳击比赛的关键性工作,裁判组织是否健全,裁判人员的素质高低都直接影响着拳击比赛的顺利进行。所以裁判人员常被喻为比赛的法官,法官要正确的执法,就必须知法懂法。在拳击比赛中的法就是拳击的竞赛规则,它们虽然只是一些原则性的条文,但它们是正确执法的依据。因此,拳击裁判员必须了解、熟悉技术动作,精通规则。

在拳击比赛中,裁判工作有很多具体的工作岗位,不同岗位之间有着明确的分工。每个工作岗位都有各自的工作职责,如果裁判员在自己的工作岗位上不知道要干些什么,要负责些什么,那么他就无法把自己本岗位的工作干好,更谈不上相互间的协作了。因此拳击裁判员在执裁前首先要熟悉拳击技术和业务,真正领会和掌握竞赛规则和精神。

裁判员执法的公正、准确以及判罚的果断、严明是一场公平比赛的保证。所以,裁判员执法的水准就关系着比赛的顺利进行,也关系到运动员、教练员的切身利益。因此,拳击裁判员必须具备高水平的业务修养和公正、严明的优良品德。如果裁判员的文化素质低,业务能力差,就不可能准确地进行执法,往往造成误判或漏判的现象;那么如果裁判员执法不公正,那就缺少了职业道德,缺少做裁判最基本、最主要的品质。拳击裁判员在执法时,还要恰当地把握分寸,才能够宽严适度,始终如一,而不致因执法的忽松忽紧、忽宽忽严导致失误。

因此,拳击裁判员要在执法时坚决做到严肃、认真、公平、准确。并且要努力学习,及时总结经验,不断提高裁判理论和实践水平,增长自己的才干,通过自己的努力使运动员在比赛中充分发挥各自的拳击技术和战术,保证比赛的顺利完成。

一、台上裁判员的职责和任务

在拳击比赛中,台上裁判员是每场比赛的组织者,控制着比赛的顺利进行。台上裁判员水平的高低,直接关系到运动员技术、战术的发挥,并影响着运动员胜负的评定。拳击比赛是紧张激烈、对抗性极强的运动,台上裁判员要求准确地判定双方运动员的成绩,台上裁判员的主要职责是严格按照规则的精神,对运动员有意、无意所造成的犯规以及动作不合理现象,及时地进行制止和判决,从而防止伤害事故的发生,保护运动员的安全。

台上裁判员必须熟悉比赛规则和拳击运动的基本技术,而且头脑冷静、判断准确、果断,在任何情况下都必须保证比赛的公正立场,还应具备良好的身体素质,保持所需要的熟练和耐力,具有很好的视力。既要有裁判的理论素质,又要有拳击的实践经验,同时又不能受观众、运动员和教练员的影响。

(一)台上裁判员的主要职责

(1)确保比赛公正与公平进行。
(2)保持对比赛各阶段的控制。
(3)防止较弱的运动员遭受过度和不必要的击打。
(4)检查拳套和装备。
(5)在宣告员宣布比赛胜负前,不得以任何方式示意比赛结果。在宣告员宣布获胜运动员后,裁判员应举起获胜者的一只手臂示意。
(6)用恰当的手势向运动员示意其犯规动作。
(7)当做出取消运动员比赛资格和终止比赛的判决时,裁判员要首先向仲裁委员会主席报告被取消比赛的运动员姓名或终止比赛的原因,以便仲裁委员会主席通知宣告员准确无误地向观众公布判决结果。
(8)使用3个口令执法:
"BOX"(开始),在比赛开始时命令运动员可以开始比赛,或因为犯规等其他原因造成比赛中止后,命令运动员继续进行比赛。
"STOP"(停止),在一个回合结束后命令运动员停止比赛,或在一方运动员犯规、被击倒等情况下,命令运动员停止比赛。
"BREAK"(分开),命令运动员停止相互搂抱,各自后撤一步,然后继续比赛。

二、台上裁判员的权力

（1）如果比赛双方实力悬殊,台上裁判员有权随时终止比赛。

（2）如果一方运动员受伤,台上裁判员认定伤势严重无法继续比赛时,台上裁判员可以随时终止比赛。

（3）如果运动员在比赛中不积极主动,可随时终止比赛,并取消一方或双方运动员的比赛资格。

（4）对运动员给予告诫,或中断比赛对犯规运动员或任何违背公平竞赛的行为给予警告,确保规则的顺利实施。

（5）取消违反规则的助手的资格,如果助手不听从台上裁判员的口令,可取消其运动员的比资格。

（6）对于有严重犯规行为的运动员,无论事先有无警告,可直接取消其比赛资格。

（7）一方运动员被击倒,如果另一方运动员故意不退至中立角,或拖延时间,台上裁判员应暂停数秒。

（8）对于不立即执行裁判员口令,或对裁判员有挑衅或攻击行为的运动员,可取消比赛资格。

（9）在规则适用和允许的范围内执法,并处理比赛中出现的、规则没有明文规定的任何事件。

三、台上裁判员对犯规判罚

（一）犯规运动员的判罚

（1）劝告（轻微劝告和严重劝告。轻微劝告可以在不终止比赛的情况下,利用恰当和安全的时机进行,严重劝告必须暂停比赛）。

（2）警告。

（3）取消比赛资格。

（二）比赛中可以用语音和手势来提醒运动员的轻微犯规

（1）击打腰带以下部位,搂抱、绊人、踢人、用膝关节和脚顶撞对方。

（2）用头部、肩部、前臂、肘关节顶撞或击打对方,使对手呼吸困难,用手臂或肘关节挤压对方的面部,把对手的头向后压向围绳。

（3）利用开掌、掌心、掌根或拳套侧面击打对手。

（4）击打对手背部,尤其是击打对方的颈后、后脑和肾部。

(5)转体击打。
(6)抓住围绳或不正当的利用围绳进行击打。
(7)用角力动作搂抱、压靠或摔绊对方。
(8)击打已经倒地或倒地后正在起立中的对手。
(9)将对方抱住击打或拉住击打。
(10)搂抱、锁挟对方的手臂或头部,或反推对方的肘关节。
(11)身体下潜过低,头部下潜至对方腰带以下,造成危险动作。
(12)抱头弯腰、故意摔倒、跑动或者转身进行消极防御。
(13)比赛中以不适当、挑衅性或不礼貌的语音刺激对方。
(14)当台上裁判员命令"分开"时,不向后退。
(15)当台上裁判员命令"分开"时,未后退一步便试图袭击对手。
(16)在任何时候,袭击裁判员或对裁判员有挑衅性举动。
(17)没有受到击打而有意吐出护齿,运动员可直接受到警告。
(18)受到击打而护齿脱落,如果是第3次脱落,运动员将受到警告。
(19)伸直前手手臂以阻挡对手视线。
(20)咬对手。
(21)模仿对手的假动作犯规。

(三)取胜方式

(1)分数取胜。
(2)技术性击倒。
(3)因受伤技术性击倒 TKO-1。
(4)击倒。
(5)取消比赛资格 DSQ。
(6)对手未出场 wO。

(四)关于助手

(1)每名运动员可以配备3名助手。
(2)回合休息间可以有二名助手登上拳台,并只允许其中一名进入拳台内。
(3)助手可以为自己的运动员抛毛巾认输。
(4)回合休息结束时,必须清理干净自己角落的台面。
(5)比赛时,必须坐在指定的区域内。
(6)不得以任何方式干扰裁判员的工作。

四、台上裁判员对受伤的处理

1. 台上运动员受伤紧急处理

一出现受伤时,如果台上裁判员不能清楚地辨明伤情,台上裁判必须遵照如下程序。

(1)要求未受伤的一方运动员站到中立角。

(2)台上裁判员应请拳台医生上台检查运动员是否能够继续比赛,如果拳台医生告知可以,台上裁判员继续比赛,如果拳台医生告知不可以继续比赛,台上裁判员可以决定终止比赛。如果裁判员没有看到犯规动作,必须咨询5位台下评判员意见,是否所有或者多数认定为犯规或是正确的击打。

2. 台上裁判员自伤的紧急处理

台上裁判员受伤时应暂时停止比赛更换台上裁判不耽误比赛为前提继续进行比赛。

第二节　台下裁判员的职责

台下裁判的工作职责是根据国际拳击联合会制定的拳击技术与竞赛规则的规定独立工作,评定双方运动员的得分。在拳击比赛中绝大部分的比赛胜负是由分数来判定,所以台下裁判员的工作对拳击比赛胜负起着重要作用。

1. 台下裁判员的工作位置

(1)5名台下裁判分别坐在拳击台下面不同的位置,裁判员的座席要靠近拳击台保证能清楚地看清拳击台上比赛情况。

(2)台下裁判上场工作的位置是由抽签来决定,在上一场次比赛的最后一个回合开始前到预备席就座候场。到自己的工作场次时应在参赛运动员入场前就位,至比赛结束宣布胜负后方可退场。

2. 台下裁判员的工作原则

(1)工作时要集中精力、公正执法、不得有任何私心杂念。

(2)对每一场比赛的红蓝双方记分尺度要一致,在各场次记分的尺度要一致,台下五名裁判员的记分尺度也要一致。

(3)不要事先预估比赛双方谁强谁弱,也不要因运动员之前比赛表现而主观判断,应实事求是地在每个回合比赛的所有时间内正确评分。

(4)不要只注意进攻忽略还击,也不能只看到还击忽略进攻,不要只注意了后手强有力的击打而忽略前手有效的打手,不要只注意头部的击打而忽略身体的击打。

（5）除在回合间休息时对台上裁判员没有注意到的情况进行提醒外,在比赛的全过程中不能与人交谈。

（6）观察比赛时要将双方都置于自己的视野范围内,不能只看一方,一定要自己明确地看到有效击中才可以记分,不能仅凭推测。

（7）当台上裁判员询问某项事情时,必须实事求是地说出自己的观点,不许有"没看到"这样的模糊回答。

拳击运动员常见的运动型伤病的预防与急救

第一节 运动损伤的概念与急救的意义

一、广义与狭义的运动损伤

广义的运动损伤泛指在体育运动过程中发生的各种伤病,而狭义的运动损伤是指运动特殊技术或训练造成的特殊伤病。就广义的运动损伤而言,如跑步锻炼时踩到坑而导致足踝扭伤与跑步时被动物咬伤都算运动损伤。广义的运动损伤提醒我们,在体育运动过程中有许多风险,可能发生各种意外,应该做好内部与外部的风险管理,以降低运动损伤发生的概率。

就狭义的运动损伤而言,只有像打篮球扭伤脚、踢足球被人踢伤腿、跳水运动员视网膜脱落等这些跟运动项目技术有关的伤病才算是运动损伤,而我们也常常称这些伤为"技术伤"。狭义的运动损伤提醒我们,各个运动项目都有其特定的高风险损伤,在训练与比赛时都应该针对这些特定的风险进行防护。在理解广义与狭义的运动损伤概念时,应重点思考如何预防运动项目和参与者自身与环境的可能风险。

二、急性与慢性的运动损伤

划分急性运动损伤与慢性运动损伤的主要依据是损伤形成时间的长短。急性运动损伤是指一次外力或内因造成的组织破坏,慢性运动损伤则是指长期微小损伤累积的伤害。损伤的形成往往伴随着压力、张力或剪切力的作用,这在急性运动损伤中更为明显。在跆拳道运动中,踢在身上产生的压力可能造成挫伤,跌倒时手撑地使关节过度伸展的张力可能造成肌肉拉伤或韧带扭伤;在篮球运动中,做运球变向切入的动作,在膝关节产生的剪切力可能造成半月板损伤。由于急性伤害与力的关系密切,因此使用护具防护手段十分必要。

慢性运动损伤主要是由于反复长时间的磨损、压迫与拉扯造成的伤害,如果缺乏有效的养护与恢复,容易造成肌肉、肌腱、滑囊及骨骼的伤害。这些伤害经常发生在肌力和柔韧性不平衡及运动过度的运动参与者身上。由于慢性损伤与身体素质和恢复状况有较大关系,因此要注意基础的体能状态,还要重视运动后适当的恢复。在理解急性与慢性运动损伤概念时,应重点把握如何在运动前与运动中采取有效的防护措施,以及运动后的恢复措施。

三、原发与续发的运动损伤

原发性运动损伤是指运动直接造成的伤害,继发性运动损伤是指原发性运动损伤未妥善处理引发的损伤。原发性运动损伤比较容易理解,就是受伤时发生的伤。例如,打篮球上篮落地时,脚踩在别人脚上,造成脚踝扭伤,距腓前韧带部分撕裂。这时会有出血与组织损伤发生,出现血肿,并开始结痂。随后出现的续发反应有肿胀、组织缺氧性坏死和瘀血,这些因素都会影响血肿与结痂的程度,也就是我们说的发炎,这个过程一般发生在受伤开始的两三天内。续发损伤可以从两个层面来看:第一个层面是原发伤害没有适当处理,造成组织缺氧性坏死与肿胀区域扩大,甚至因为处理不当而伤上加伤。第二个层面是忽视治疗、康复与体能的调整,因代偿动作而诱发新问题,例如,右脚踝扭伤后,将重心移至左脚,一段时间后,左膝不堪负荷而出现不适,久而久之,发现腰也开始不舒服。在理解原发与续发损伤时,应重点把握"PRICE"原则,以冰敷等方式控制急性期的炎症反应,以及通过有效的治疗与康复手段来避免代偿造成的新问题。

第二节 发生拳击创伤的原因

拳击运动员对拳击创伤的严重性与预防的重要性从思想上重视不够,是发生创伤的一个重要因素。实战训练与比赛的组织工作不严密,方法不当;教练员不在场,运动员的情绪不佳、体力不足、注意力不集中,或因身体处于疲态状态、患病、有伤等是发生创伤的主要原因。另外,大脑皮质运动中枢的兴奋与抑制扩散,造成肌肉不协调,动作僵硬、不熟练,也易引起创伤的发生。场地不平整、器材不安全、运动服不合体、运动鞋不合脚等,这些都是拳击创伤的直接因素。技术水平低,动作上的缺点错误,不合理地分配比赛中的体力,是从事拳击训练初期或学习新技术时发生创伤的主要因素。对准备活动重视不够,没有做准备活动或做得不充分,也是一个主要的受伤原因。动作粗野或违反规则也会导致受伤。

第三节　拳击中常见创伤的症状与处理

一、指腕关节的挫伤和掌骨的骨折

(1)人体某部位遭受钝性暴力作用而引起该处及深层组织的闭合性损伤,称为挫伤。

(2)轻者局部仅有疼痛、压痛、肿胀、功能障碍;重者,可因皮下出血形成血肿或淤积,疼痛和功能障碍都较明显。拳击运动员常在与"对手"击打时或在打沙袋练习时,最容易发生第一指骨、腕骨和掌指关节的挫伤和掌骨的骨折,其原因往往是手指包缠绷带的方法和拳击技术不正确。并且,几乎都是因为运动员出摆拳击打时,没有用拳峰击打对手,而是把拇指掌关节当作击打对手的着力点,故造成第一掌骨骨折。

(3)教练员必须仔细地注意运动员是否正确地用绷带缠手,其目的在于保护手,使撞力集中,提高击打效果和安全性。缠手时应注意,不要缠得过紧,要使手指有适当的活动余地,缠得过紧反倒容易受伤。但手腕部分可缠得紧些,这有利于用力和防止受伤。对于骨折应立即进行复位并用夹板固定,三周后进行按摩治疗,三个月后开始恢复性训练。另外,要加强对技术的纠正,不断提高技术的规范化和熟练程度。

二、眉弓部的裂伤和鼻骨骨折

受钝物打击引起的皮肤和皮下组织撕裂,伤口边缘不整齐,称为裂伤。造成损伤的主要原因是由于运动员违反规则的抢打,使前臂直接击中对方鼻骨或鼻骨撞到对手的前臂尺侧或鹰嘴所造成,有的是双方运动员的头部互相撞击造成的。为避免头部受伤可戴保护帽,主要保护前额及耳部。伤后要进行复位治疗并及时止血,两个月内不能进行比赛或实战练习。

三、鼻出血

(1)鼻出血是拳击中最常见的一种小创伤。鼻部被击打后可发生鼻黏膜微血管破坏而引起的鼻出血,也可引起鼻变形。

(2)鼻出血时把头后仰,用拇食指在鼻翼外面相对压迫(伤者用口呼吸)数分钟,一般可止血。有条件时,可用浸过肾上腺素或麻黄素的消毒脱脂棉卷成小卷轻轻塞入流血鼻孔内,再在鼻翼外稍加压迫,则止血更佳。额部用冷毛巾或冰袋冷敷,亦可止血。

四、耳廓挫伤

耳廓挫伤是被对方的摆拳和平勾拳直接击中耳廓引起的局部血肿。耳廓的皮下组织少,血管表浅,在受击打时,极易发生血肿。同时由于耳廓的大部分支架是耳廓软骨组成,耳部的皮肤都紧贴在软骨膜上血肿不及时治疗,会造成耳廓软骨炎,严重者可导致耳廓畸形。处理办法:用冷敷或用绷带加压包扎,制止皮下继续出血淤肿。3~5天后进行热敷或理疗一周,即可痊愈。

五、面部擦伤

面部擦伤的处理办法是:用30%双氧水将擦伤部位脏东西擦洗掉,或用生理盐水或冷开水将擦伤部位的脏东西洗掉、拭干,然后搽上红药水或紫药水。

六、击昏现象

击昏现象(即休克现象)在拳击比赛中,往往会出现运动员被击昏而摔倒导致失败的场面,这是运动员受了最后一次打击以后,在10秒钟或更多的时间内不能起立重新比赛时,就称为"被击昏",即休克现象。休克时,整个有机体受到严重的障碍,血压降低,脉弱而急,呼吸浅,其特点是定向力丧失,面色苍白,神志完全或部分丧失。当运动员倒地时,不可去拉或立即叫醒他,应叫他安静地仰躺着,观察一二分钟,如自己不能恢复神志,必须在防震保暖的情况下速送医院急诊。但大多数被击昏的运动员,不需要特殊处理即可恢复。当然,击昏本身不仅仅是身体上的创伤,而且也是精神创伤,因此非常需要安静和医生、教练员及队友们的言语和安慰。拳击运动员颞部受击出现的击昏,是大脑受了机械刺激的结果。下颌部受击而发生的击昏,很少由于脑震荡所引起。这是由于分布在内耳的大感受器受到强烈刺激的结果,是小脑及脑干(红核)的反射现象。由于机能的破坏,拳击运动员失去定向力,摔倒并失去知觉。颈部两侧受击而发生的击昏,很明显是由于颈动脉窦受击,反射性地引起了脑血液循环的一时性障碍所致,可引起脑血管供血不足,产生昏迷休克。运动员被拳击多是没有保持基本姿势,下颌过高,两拳过低的情况下发生的。尤其是新运动员颈肌明显无力(尤其是胸锁乳突肌),防守姿势和动作有明显错误发生率较高。左右肋部受击时也可能出现击昏,这是由于相当于该部的内脏器官(肝脾)的内感觉器受累,引起明显的一时性血液动力过程破坏的缘故。左右肋部受击倒地药或直拳击打肋部所致。躯干受击中尤以腹部、太阳神经丛部受击时,更容易发生击昏。上腹部受击倒地或被击昏多为平勾拳击打所致。主要原因是由于刺激传到迷走神经中枢,可使心脏活动大为减慢,甚至停止心跳,呼吸也明显变慢。有时刺激颈交感神经,可引起呼吸加快、加深。

七、脑震荡

头部创伤是最严重的创伤,正确的救护和治疗有重大意义。在拳击比赛中,当运动员被击打到鼻梁、太阳穴或击昏后摔倒而头部撞击地面时,由于大脑神经细胞和神经纤维受到强烈的外力震荡进而引起的意识和机能暂时障碍,会立即发生了意识丧失(昏迷)所引起的脑损伤(脑震荡、脑挫伤)。脑震荡的典型症状是突然神志晕迷,皮肤苍白,脉搏细弱,呼吸缓慢、浅表,肌肉松弛,神志外大对称,可能有呕吐。清醒并有不同此时应使伤员平卧位,安静,头部程度的头昏、头痛、恶心等。冷敷,身体保暖。还应注意观察伤员的表情,对神志不清者可刺激人中,百会等穴使其复苏,对呼吸发生障碍的伤员,可行人工呼吸。对重伤员应迅速送医院处理,要绝对保持安静,对无严重征象,短时间内意识恢复的轻伤员,也要尽可能使其仰卧送回房间内休息。一般应卧床休息至症状(头痛、头晕等)完全消除,但不宜过早参加拳击训练或比赛,否则会留头痛后遗症。轻型和中型脑震荡,脑组织无明显的病理解剖变化,昏迷时间不超过半小时,清醒后可有头痛、头昏、耳鸣等自觉症状,昏迷的时间越长,伤情越重。重型脑震荡时心脏及呼吸活动渐渐衰竭,出现尿便失禁,也可能死亡。

[急救办法]必须将伤员置于担架上运至医院,伤员取仰卧位,头部两侧用衣物垫起固定,搬运时应避免颠簸震动。由于脑震荡可与颅内血肿或挫伤等并存,脑挫伤时除有上述脑震荡所特有的症状以外,还有症灶症状:在创伤的对侧出现肌肉痉挛、麻痹和各种感觉障碍。这时主要采用保守疗法,至少需要20日左右的卧床休息。因此,教练员在运动员参加拳击比赛时,应掌握每个运动员的身体状态,凡有任何头部创伤,只要伴有意识丧失,即使很短暂也必须住院治疗,痊愈后,可用"闭目举臂单腿站立平衡试验"来决定是否可以进行训练,能保持平衡后,才能参加训练。

第四节　运动应激综合征

运动应激综合征指运动者在运动或比赛时,运动负荷超出了机体所承受的能力而引起的一系列急性病理现象。其特点是,常在一次剧烈训练或比赛过程中或之后发生,且多在训练水平低、经验不足的运动者身上发生,或见于因伤病停训较长时间后再恢复训练者,也可见于精神受到激烈刺激的高水平运动员,以及潜在心血管风险者。运动应激综合征以中长跑、马拉松、中长距离滑冰、自行车和划船等项目的运动者较常见,其临床表现差异较大,根据临床表现不同可分为不同类型。

一、单纯性虚脱

单纯性虚脱多发生于中长跑运动者,常在剧烈训练、比赛时或比赛后即刻发生。

(1)原因。单纯性虚脱与训练水平不高、停训后突然参加激烈运动或比赛、过度劳累或紧张、身体状况不佳等有关。

(2)症状。单纯性虚脱主要表现为头晕、面色苍白、恶心、呕吐和大汗淋漓等现象。轻者,卧位休息片刻后好转,重者,需休息1~2天才能缓解。运动者神志清醒,能回答询问。

(3)处理。卧位休息、保暖,饮用热水或电解质饮料,患者很快能恢复正常。重者应采用吸氧、静脉补液等手段,以促进恢复。

(4)预防。遵守循序渐进训练原则,做好运动前热身和运动后放松活动;运动时注意呼吸动作的配合,避免过度疲劳和紧张;保证充足的营养与休息,长时间运动时应注意运动过程中电解质饮料的合理补充。

二、晕厥

晕厥是一种症状,为短暂的、自限性的意识丧失,常导致晕倒。其发生机制是短暂脑缺血,发生较快,随即自动恢复。有些晕厥有先兆症状,但更多的是意识丧失突然发生,无先兆症状。晕厥发生的危险性不是晕厥本身,而是晕厥发生刹那间摔倒所致的外伤,如颅脑外伤、骨折等。

(1)原因。发病原因较多,与身体健康水平较低、训练前饥饿、疲劳,以及精神过度紧张或亢奋有关。带病参加训练或比赛,运动前没有做好热身准备,运动量过大、时间过长,长时间站立或久蹲后突然站起等,也都可能导致晕厥。此外,出现晕厥可能与基础性疾病有关,如高血压、冠心病、高脂血症等。

(2)症状。短暂性意识丧失,醒后可出现全身无力、头晕、头痛等症状,可伴有心、脑、肺功能降低的表现。根据晕厥出现的特征和症状,主要分为神经反射性晕厥、低血压性晕厥和心源性晕厥。

1)神经反射性晕厥 神经反射性晕厥主要见于情绪过度紧张、比赛中受到伤害及强烈精神刺激,通过交感神经反射,引发心输出量减少,导致大脑供血不足而引起晕厥。

2）低血压性晕厥 低血压性晕厥由体位突然发生改变、胸腔压力骤增或肌肉突然停止收缩而诱发的晕厥。如在大强度训练或激烈比赛中或比赛后立即停止不动，或举重运动者举重时胸腔内压急剧上升至心排出量减少，或身体由水平位突然变为直立位等，导致大脑一时性缺血，引起低血压性晕厥。

3）心源性晕厥 运动过程中心肌耗氧量增加，其原因有过度疲劳、停止训练后突然参加大强度运动、肥厚性心肌病和急性主动脉夹层等，导致冠脉供血不足，可引起心脏功能障碍，脑供血不足。

（3）处理。患者应平卧休息，足部略抬高，头部放低，松解衣领，注意保暖，保持呼吸道通畅，并排除可能的外伤；在意识未恢复以前，不能给任何饮料或服药，如有呕吐，应将患者的头偏向一侧；如呼吸停止，应做人工呼吸；醒后可给予热饮料。必要时迅速转送医院进行处理。

（4）预防。平时应增加心肺功能的系统训练，提高心血管功能；疾跑后不要立即停止，继续慢跑，配合深呼吸动作。训练水平较差的运动者和青少年，憋气时间不宜过长；避免在高温、高湿天气下长时间训练和比赛；进行长距离运动要及时补充运动饮料；发生过晕厥的练习者应做全面的检查，避免再发生晕厥。避免过度疲劳和紧张，同时加强心理素质训练，提高对刺激的心理承受能力；当有晕厥的前趋征象时，应立即俯身低头，以免晕倒。

三、脑血管痉挛

由各种原因所致的脑血管壁平滑肌细胞钙离子超载，以及细胞内钙离子浓度增加，可使血管平滑肌发生异常收缩，导致血管痉挛。

（1）原因。可能与某些血管先天畸形或运动时脑部供血障碍有关。

（2）症状。运动中或运动后突发一侧肢体麻木，动作不灵活或麻痹，常伴有剧烈的头痛、恶心、呕吐等。

（3）处理。患者平卧休息，头稍低，足部略抬高，松解衣领，注意保暖，保持呼吸道通畅。必要时送医院治疗，并做相关的检查，确定脑部是否存在病变。

（4）预防。科学安排训练和比赛，充分热身，调整心理、缓解紧张情绪，按脑血管痉挛进行相关的规律治疗。

四、运动性腹痛与运动性胃肠综合征

运动性腹痛与运动性胃肠道综合征运动者在训练和比赛中，因生理和病理原因而发生的腹部疼痛症状称为运动中腹痛，如有恶心、呕吐、便意、腹泻等胃肠道功能紊乱现象称为运动性胃肠道综合征。此类疾病发生范围较广，马拉松、自行车、铁人三项等项目的运动员较多见。

(1)原因。与准备活动不足,精神过度紧张,运动前吃得过饱、过多,大量食用了较难消化的食物、饥饿状态下运动、运动强度过高、速度过快,以及呼吸配合不当或身体状态不佳等有关。

(2)症状。

1)运动性腹痛:在运动中或运动后出现腹痛,多在右上腹,呈钝痛或胀痛,也可出现在左上腹或下腹部。疼痛的程度与负荷量和运动强度成正比,速度慢、运动强度小时疼痛不明显,随负荷量增加、速度加快,疼痛加重。深呼吸或按压腹部可减轻疼痛。少数运动者因疼痛难忍被迫停止运动或比赛。一般不伴随其他特异性症状,个别运动者腹痛时可有无力、胸闷、下肢沉重等感觉。

2)运动性胃肠道综合征:剧烈运动中或运动后出现腹痛、腹泻、恶心、呕吐、头痛、头晕和面色苍白等症状。疼痛部位可出现在胃脘部、右上腹、左上腹、全腹部或下腹部,有腹泻、便血等症状提示下消化道出血。有些运动者因便意或排便而被迫终止比赛。

(3)处理。减慢运动速度、按压腹部、调整呼吸,如无改善则需停止训练,休息观察,了解腹痛的性质、部位,判断腹痛是由疾病引起还是与运动有关,必要时送医院检查治疗。对有胃肠综合征表现者,应停止训练、休息,密切观察症状变化,配合流质或半流质饮食。对反复呕吐、腹泻和疑有消化道出血者,应送医院治疗,并做详细检查以排除其他疾病。恢复训练的时间需根据病情变化决定,一般需1~2周。如发现有胃肠道其他疾病,应针对原发病进行治疗。

(4)预防。科学安排训练和比赛,运动前充分热身;运动前一餐饮食不宜太饱、太油腻,空腹时不要进行剧烈运动;进餐后不要立即运动,最好间隔一小时以上;运动时注意呼吸与动作的配合,避免过度疲劳和紧张;长时间运动时应注意电解质饮料的补充,不要一次性补充过多;如有胃肠道疾病者,应积极治疗原发病。

五、急性心功能不全或心肌损伤

急性心功能不全或心肌损伤由于急性心肌损害,心肌收缩力明显降低或心脏负荷突然加重,使心输出量在短时间内急剧下降,导致急性循环淤血和组织器官供血不足的综合征。运动中或运动后,出现急性心功能不全和心肌损伤时有发生,有的表现为急性心力衰竭,有的为心肌梗死。

(1)原因。与运动负荷量过大、过度兴奋和紧张、过度疲劳及潜在心脏疾患或药物滥用等有关。

(2)症状。运动过程中或运动后出现呼吸困难、口唇青紫、大汗淋漓、憋气、胸痛、心跳加快、心律不齐和血压下降等,严重者咳粉红色泡沫样痰,可能出现昏迷甚至死亡。患者半卧位休息,保持安静、保暖,给予吸氧等紧急处理后送医院进一步治疗。

（3）处理。检查和治疗。如呼吸、心跳停止立即实施心肺复苏术,并尽快转送医院治疗。科学训练,循序渐进,增加心肺功能的系统训练,提高心血管功能;运动。

（4）预防。前充分热身,避免过度兴奋、紧张和过度疲劳;加强医务监督,排除心脏疾病,以及积极配合治疗。

第五节　不适合拳击运动的医学条件

如果拳手可能存在对自己、对手或裁判构成危害的种种情况,年度体检的医生或比赛时医务委员会指定的医生可以取消该拳手的比赛资格。医务委员会对于不适合医学条件的指导原则是,在年度体检或赛前体检时,出现下列情况或者有既往史：

（1）急性和慢性感染。

（2）严重的恶血质。

（3）贫血疾病或特征。

（4）乙肝、丙肝或艾滋病感染史。

（5）近视和眼内手术、白内障、视网膜脱落。

（6）超过-3.5D近视(350度)。

（7）未矫正视力低于20/200(就是视力表上最大字看不清)。

（8）矫正视力低于20/60。

（9）暴露的、开放式皮肤感染。

（10）有临床意义的先天性或获得性的心血管和肺部异常。

（11）有临床意义的先天性或获得性的肌肉骨骼缺陷。

（12）需要神经科专家治疗、未治愈的脑外伤(脑震荡)后遗症。

（13）严重的精神性障碍或药物成瘾者。

（14）有临床意义的先天性或获得性颅内占位病变或出血者。

（15）三年内任何癫痫发作者。

（16）肝、脾肿大,腹水。

（17）怀孕。

（18）未控制的糖尿病或未控制的甲状腺疾病。

（19）有任何能够改变生理过程的植入性元件。

（20）女子拳击运动员的护胸保护超过保护乳房范围的。

（21）取消比赛资格的状态。

（22）听力不佳(但是赛场仲裁委员会必须知道)。

参考文献

[1] 于德顺,高谊.跟专家练拳击[M].北京:体育大学出版社,1998.
[2] 杨忠伟,李豪杰.运动伤害防护与急救[M].北京:高等教育出版社,2015.
[3] 霍鹏翔.现代拳击教程[M].北京:体育大学出版社,2017.
[4] 刘卫军.拳击运动教程[M].北京:体育大学出版社,2005.
[5] 王德新,樊庆敏.现代拳击运动教程[M].上海:复旦大学出版社,2012.